孫子兵法
손자병법

- **손자**란 무엇인가?
- **지혜로운 자**는 상대의 장점까지 활용
- 명장은 **기세**와 적절한 **타이밍**을 이용
- 정확한 **정보**는 득과 실의 종결자

www.gbbook.co.kr

TETTEI ZUKAI: SONSHI NO HEIHOU by Aki Enomoto
Copyright © 2008 Aki Enomoto

All rights reserved.
First published in Japan by SHINSEI Publishing Co., Ltd., Tokyo.

This Korean edition is published by arrangement with
SHINSEI Publishing Co., Ltd., Tokyo in care of Tuttle-Mori Agency, Inc., Tokyo.

Korea translation copyright © 2011 by Golden Bell Publishing Co.

불법복사는 지적재산을 훔치는 범죄행위입니다.

『저작권법』 제97조의 5(권리의 침해죄)에 따라 위반자는 5년 이하의 징역 또는 5천만원 이하의 벌금에 처하거나 이를 병과할 수 있습니다.

인생과 경영을 「손자」에게 묻다
-고전의 가치는 불멸의 객관성-

총성없는 전쟁!
현대인의 조건 정보, 인생경영, 비즈니스, 리더십, 경영 전략을 2500년 전 『손자병법』의 그 길을 넛지 nudge 한다.

첫째, 손자(손무)는 신세대가 표방하는 벤처 창업가이다.
손자는 오나라 군주에게 당시 트렌드에 맞도록 합리주의 전쟁 철학을 주창하며 본인을 장군으로 기용해 줄 것을 제안한다.
둘째, '전쟁의 테크닉'을 넘어 다른 병법서에 없는 당 시대를 배경으로 한 철학적 가치관 그리고 대군을 리드하면서 따뜻한 인간애가 묻어난다.
셋째, 『손자병법』은 철저하게 실용주의 노선을 깔고 있다. 피해 입은 승전보다는 흔적없는 승리, 막강한 전력 유지와 첩보작전의 병행을 중시하고 있다.
명분도 아군이 강할 때만 지킬 수 있기 때문이다.
넷째, 국가와 기업과 개인은 왜 강해야만 할까?
"백전백승은 전쟁의 종결자가 아니다. 최고의 승자는 전쟁을 하지 않고 승리하는 것이다"
다섯째, 유능한 전략가나 정치적 논리에도 종당에는 힘과 세력의 균형을 이룰 뿐이다. 경제적 측면에서 본다면 시장 논리에 맡긴다 하더라도 균형적 분배는 장담할 수 없다.
『손자병법』은 현재 영어를 비롯해 무려 30여 개국 언어로 번역되어 읽혀지고 있다. 나폴레옹, 빌게이츠도 탐독했을 뿐만 아니라 미 육군사관학교에서도 교재로 채택하고 있다.

GB 기획센터

머리말
2500여년 전에 씌여진 가장 오래된 병법서, 손자

이 책의 경이로운 점은 가장 오래되었으면서도, 이 책이 가진 보편성 때문에 오늘날에도 여전히 친숙하며, 비즈니스 뿐만 아니라, 개인의 입신·처세, 정치 등, 여러 방면에서 활용되고 있는 점이다. 게다가,「손자」는 전쟁 방법론을 설명한 병법서지만,「싸우지 않고 상대에게 승리하는 것이 최선이다」즉, 전쟁은 가장 좋은 방법이 아니고, 싸우지 않고 상대를 굴복시키는 것이 가장 좋은 수단이라고 주장한다. 여기에서, 전쟁을 객관적이자 냉정하게 바라보고, 보다 옳은 방법을 모색해가는「손자」의 모습을 엿볼 수 있다.

이 책에서는 그런「손자」의 내용에 대해서『신정손자新訂孫子』가 가장 잘 되었다고 정평이 난, 이와나미문고岩波文庫를 토대로 하여 오른쪽 페이지 우측 하단에 각 내용이「손자」 13편 중 어떤 편의 몇 항목에 해당되는지를 표시했다.「손자」는 원래 대단히 간결하게 씌어졌기 때문에, 그것을 보충하기 위한 여러 가지「손자」해설서가 있다. 이 책은 그런 부분에서 잘된 책들도 참고하고 있다.

「손자」와 같은 병법서 — 특히『무경칠서武經七書』에 대해서도 소개하고 있으니 함께 확인하길 바란다. 또한,「손자孫子」로 쓴 경우는 서적을, 인물 손자로 쓴 경우는 책의 저자인『손무孫武』를 가르킨다.

에노모토 아키榎本秋

목차

역자의 말 • 003
머리말 • 004

 1장 「손자」란 무엇인가? ――――――――――― 「손자」의 기초지식

손자란 무엇인가 • 008 | 춘추전국시대 • 010 | 백가쟁명의 시대 • 012 | 손자 • 014 | 손빈 • 016 | 오자서 • 018 | 합려 • 020 | 여러 가지 병법서 『전쟁론』 • 022 | 여러 가지 병법서 『삼국지연의』 • 023 | 손자의 내용구성 • 024 | 손자의 사상 • 026 | 나폴레옹 보나파르트 • 028 | 빌헬름 2세 • 030 | 마오쩌둥 • 032 | 서희 • 034 | 이순신 • 036 | 토고 헤이하치로 • 038 | 손자로 보는 전투 세키가하라전투 • 040

 2장 지혜로운 자는 상대마저 유용한다 ――――――― 계책편 ~ 모공편

군사의 중대성을 알라 • 044 | 전쟁이라는 것은 적을 속이는 것 • 046 | 전쟁 전에 결과를 안다 • 048 | 「손자」를 활용한 주요 인물들 삼국시대 • 050 | 여러 가지 병법서 『오자』 • 052 | 여러 가지 병법서 『울료자』 • 053 | 장기전은 피해라 • 054 | 지혜로운 장수는 적의 것도 유용한다 • 056 | 백전백승이 반드시 좋은 것만은 아니다 • 058 | 「손자」로 보는 전투 나폴레옹의 알프스 등정 • 060 | 「손자」를 활용한 주요 인물들 중국의 각 시대 • 062 | 적의 전략을 간파하는 것이 최고 • 064 | 상대와 우리 편의 숫자에 따라 전술을 바꾼다 • 066 | 군주는 군의 모든 것을 파악하고 있어야 한다 • 068 | 적을 알고 나를 알면 • 070 | 「손자」를 활용한 주요 인물들 전국무장 • 072

3장 명장은 기세와 타이밍을 이용한다 —— 형편 ~ 허실편

우선 지지 않는 태세를 만든다 • 076 | 이기기 쉬운 상대에게 승리한다 • 078 | 병법의 다섯가지 항목 • 080 | 여러 가지 병법서 『육도』• 082 | 여러 가지 병법서 『삼략』• 083 | 「손자」를 활용한 주요 인물들 장군들 • 084 | 분수, 형명, 기정, 허실 • 086 | 정석대로 나아가, 기발한 전략으로 상황에 대처한다 • 088 | 기세와 타이밍 • 090 | 혼란, 겁, 연약 • 092 | 훌륭한 지휘관은 인재를 적재적소에 배치한다 • 094 | 「손자」를 활용한 주요 인물들 학자들 • 096 | 「손자」로 보는 전투 러일전쟁에서의 해전 • 098 | 전투에서 주도권을 쥐고 적을 유도하라 • 100 | 적이 명장의 공격을 막지 못하는 이유 • 102 | 전력의 집중과 분산 • 104 | 병의 형태 • 106 | 군대는 물과 같이 움직여야 한다 • 108

4장 정보는 득과 실의 종결자 —— 군쟁편 ~ 지형편

군을 통솔하는 어려움 • 112 | 풍림화음산뢰 • 114 | 정보전달의 중요성과 병사들의 사기 • 116 | 군사를 부리는 요점 • 118 | 「손자」를 활용한 주요 인물들 병법관련 1 • 120 | 구변아홉가지의 변화에 맞서다 • 122 | 지혜로운 자는 이득과 손해, 양면을 들여다 본다 • 124 | 장군이 가지고 있는 5가지 위험 • 126 | 여러 가지 병법서 『사마법』• 128 | 여러 가지 병법서 『이위공문대』• 129 | 4종류의 지형 • 130 | 군대를 주둔해야 하는 장소 • 132 | 적에 대한 정보를 파악하는 구체적인 방법(1) • 134 | 적에 대한 정보를 파악하는 구체적인 방법(2) • 136 | 병사의 숫자 만으로는 이길 수 없다 • 138 | 「손자」로 보는 전투 관도전투 • 140 | 「손자」를 활용한 주요 인물들 병법관련 2 • 142 | 여섯 가지 지형과 여섯 가지 패배 • 144 | 지휘관이 갖춰야 할 모습(1) • 146 | 지휘관이 갖춰야 할 모습(2) • 148

5장 처음엔 처녀처럼, 나중엔 토끼처럼 —— 구지편 ~ 용간편

9가지 지형과 대처법 • 152 | 지휘관이 노려야 하는 장소 • 154 | 적의 내부 깊숙이 침공한다 • 156 | 상산의 뱀과 오월동주 • 158 | 사지에 발을 들여놓는 장군이 해야 할 것 • 160 | 패왕 군을 지휘하는 자는 • 162 | 처음에는 처녀와 같이, 나중에는 달아나는 토끼와 같이 • 164 | 「손자」를 활용한 주요 인물들 근현대 • 166 | 여러 가지 병법서 『병법36계』• 168 | 여러 가지 병법서 『전국책』• 169 | 다섯 가지 화공 • 170 | 화공과 관련된 「오화의 변화」• 172 | 전투를 가볍게 여기고 임해서는 안 된다 • 174 | 「손자」를 활용한 주요 인물들 • 176 | 「손자」로 보는 전투 정형 전투 배수진 • 178 | 첩자를 보내는 의미 • 180 | 다섯 종류의 첩자 • 182 | 첩자를 잘 다루기 위해서 • 184

찾아보기 • 187

1장 손자란 무엇인가

손자의 기초지식

 손자(孫子)란 무엇인가

역사상 가장 오래된 병법서

고대 중국, 춘추전국시대春秋戰國時代에 씌어진 역사상 가장 오래된 병법서 - 「손자」. 이전의 전술·전략은 소수의 병사들이 운에 맡기거나 미신을 믿는 정도였지만, 「손자」는 자신의 경험과 전쟁의 역사를 토대로 「어떻게 하면 이기는가」, 「어떻게 하면 지는가」를 구체적으로 분석해서 그 사상은 현대에 와서도 더욱 보편성을 가지고 받아들여지게 된다.

그 배경에는 중국 근경近境 당시에 중국 중심부라 불리우는 중원에서 벗어나 있는 지역에서부터 발흥한 신흥국 오吳나라의 전술 당시 일반적이었던 전투자 계급에 의한 전쟁이 아닌, 일반인도 전쟁에 참가하는이 큰 영향을 끼친 것이었다.

 미니지식

손무가 손자로 불리우는데 여기서 자子가 붙여진 것은 중국에서는 성인의 반열에 든 자를 호칭하기 위해 쓰인다. 공자, 맹자, 묵자, 노자, 한비자 등이 그 예이다.

손자병법이란 무엇인가

이 책에서 설명할 「손자」라는 것은 어떤 책이고 어떤 사람이 썼는가?

【 손자병법이란 】

중국, 춘추전국시대에 씌어졌다고 하는 병법서
- 이 때까지 대부분이 운에 맡겼던 **전술·전략**을 합리적인 연구로 바꾸었다고 평가 받는다.
- 책의 완성시기는 분명하지 않음.

2명의 손자

그런데 이 「손자」가 누구의 사상을 토대로 한 것인가에 대해서는 의견이 분분하다. 그 이유는 사실 손자라고 불리우는 인물이 춘추전국시대에 2명이 있었기 때문이다.

　　한 사람은 오나라를 섬긴 손무孫武이고, 또 한사람은 그의 자손으로 제나라를 섬긴 손빈이다. 지금 알려진 「손자」는 누가 쓴 책인지, 오랜 시간동안 의문이었는데 다른 사료에서 두 사람 모두 병법서를 썼다는 것을 알 수 있다. 1972년 통칭 『죽간본竹簡本』이라 불리우는 문서가 발굴되어, 이른바 「손자」의 저자가 손무인 것을 알게 되었다.

미니지식
죽간이란 무엇인가?

죽간의 발견이 「손자」의 수수께끼를 푸는 열쇠가 되었는데, 도대체 죽간이란 무엇일까? 이것은 동양에서 종이가 발명되고 보급되기 전에 글을 기록하기 위해 사용한 것으로 가는 대나무 판자 – 찰札 간簡을 흩어지지 않도록 끈으로 위아래를 묶어 정리한 것이다. 덧붙여 설명하자면, 이와 같이 죽간을 정리한 것을 「편집」이라고 한다. 또한, 대나무로 만든 것 외에도 나무로 만든 것도 있었고, 특이하게도 옥 – 비취로 만든 것도 있었다고 한다.

책의 저자로 여겨지는 인물은 손자 즉, 손무이다.
- 기원 전 5세기 경 활약한 장군겸 학자
- 제나라에서 태어났다. 오나라 왕 합려闔閭의 눈에 띄어, 변방의 신흥국이었던 오나라가 약진하는데 큰 힘이 된다.

【 또 한명의 손자 】

손무의 자손으로 제나라를 섬겼다. 한때, 그가 『손자병법』을 쓴 인물이 아니냐는 설이 유력했던 적도 있었다.

현재에 와서는 손무와 손빈은 각자 다른 병법서를 남겼다고 생각되고 있다.

춘추전국시대

주(周)나라의 쇠퇴에서 진(秦)나라의 통일까지

제후諸侯가 전쟁을 일삼고, 손무가 군사로서 활약하여, 손자병법이 널리 알려지던 시대 – 춘추전국시대. 이것은 춘추시대와 전국시대라는 두 시대를 한데 묶은 말로, 이름의 유래는 각각 춘추, 전국책戰國策이라는 책의 제목에서 유래한다.

혼란의 발단은 그 때까지 중국 대륙에서 제후들의 맹주의 역할을 하던 주나라의 왕조가 쇠퇴한 데 있다. 이후 주나라가 완전히 힘을 잃자, 전국의 제후들이 각각 왕을 자칭한다. 이 세력간의 경쟁은 진나라의 시황제始皇帝가 천하를 통일할 때까지 복잡하게 얽힌 채 계속된다.

중원과 근경

이 무렵 혼란의 중심이 된 것은 중원中原이라 불리우는 중국의 중부지역이었다. 황하 중하류지역의 평원

춘추전국시대

손자가 태어나고 손자병법이 씌어졌다는 춘추전국시대라는 것은 과연 어떤 시대였을까?

【 춘추전국시대의 시작 】

기원전 770년

쇠퇴한 주나라가 다른 나라의 위협으로, 수도를 낙양洛陽으로 옮김.

원래 중원이라는 것은 주나라의 수도가 있었던 부근을 가리키고 있어, 한국의 후삼국시대에 한강 주변이 중시되었던 것과 같은 느낌일 것이다.

하지만, 후삼국시대에서도 지방에서부터 강력한 영주들이 출현했던 것과 같이, 춘추시대 말에 열린 오랑캐들이 일으킨 신흥국이 큰 세력을 가진다. 그것이 손자가 섬긴 오나라다. 그가 주군主君으로 모신 합려의 시대에는 이 나라는 매우 번성했지만, 나중에 라이벌인 월나라에 멸망을 당한다. 백가쟁명百家爭鳴의 시대인 것이다.

보충

시황제는「재」통일?

일반적으로 춘추전국시대는「중국을 통일한 주나라가 붕괴된 뒤 진나라가 재통일한 시대」로 이해하고 있지만 엄밀히 말하자면 이것은 틀린 것이다.

틀림없이 진나라는 예전에 주나라가 통치하고 있던 지역을 지배 하에 두었지만, 그 보다 훨씬 넓은 지역 오와 같은, 한족 이외에 야만인이라 불리우는 사람들의 영역까지을 통일했다. 즉, 춘추전국시대는 중국이라는 영역이 중원에서부터 보다 더 넓어져간 시대라고도 말할 수 있다.

제후국들이 서로 경쟁하는 혼란의 시대

【 춘추전국시대의 끝 】

기원전 221년

진나라의 시황제가 중국을 통일하다.

전란의 시대에서 독자적 특징의 병법을 가진 오나라의 병법과「손자」가 널리 알려져 간다.

 # 백가쟁명(百家爭鳴)의 시대

제자백가(諸子百家)시대

혼란스러운 춘추전국시대는 한편으로는 사상들이 꽃피운 시대였다. 이 무렵, 많은 사상가들이 독자적인 사상을 연구·의논하고 있었다. 그들을 통틀어「제자백가」라고 부른다. 제후에게 있어 그들의 존재는 스스로 나라를 부유하게 만드는데 중요한 역할을 했을 뿐만 아니라, 유명한 학자들을 포섭하는 것이 나라의 품격이라 생각했기 때문에 앞다퉈 그들을 초빙한 것이다.

하지만 이렇게 번성한 사상의 연구, 의논도 진나라가 통일한 뒤에는 급속도로 위축된다. 어쩌면 제자백가가 각각의 이상을 추구하기 위해서는, 춘추전국의 분열상태의 자양분이 필요했던 것이다.

10학파

현재 제자백가는 10학파 — 즉, 음양가陰陽家, 유가儒家, 묵가墨家, 법가法家, 명가名家, 도가道家, 종횡

 백가쟁명百家爭鳴**시대**

제국이 서로 다투고 경쟁하던 춘추전국시대는 동시에 학문의 꽃이 활짝 핀 시대이기도 했다. 손자 역시 그 중 한명이었다.

춘추전국시대는 전란戰亂의 시대 → 사상思想이 활발하게 논의되던 시대

【 제자백가 】

유가 — 인사람을 소중히 함이나 예도덕을 중요시 함을 중시하고, 도덕적인 사회를 지향한다. 한 시대 채용. 대

012

가縱橫家, 잡가雜家, 농가農家, 병가兵家, 소설가小說家를 넣는 경우도 존재한다고 알려져 있다. 다만, 이 학파의 이름은 후세에 붙여진 것이다.

현재에도 유명한 것은 공자로 대표되는 도덕을 중시한 유가, 속세에 등을 돌리고 후에 도교에 몰입한 노자의 도가, 진의 시황제에게 큰 영향을 끼치고, 법률의 정비를 중시한 한비자韓非子의 법가, 그리고 말할 것도 없이 손자로 대표되는 전술·전략을 연구한 병가가 있다.

보충
그 외의 제자백가

여기에서는 책에서 다루지 않았던 제자백가의 사상을 아주 간단히 정리하겠다.

음양가는 후에 음양도陰陽道에 영향을 미친 사상으로 만물을 음과 양으로 설명한다. 묵가는 전란의 시대에 박애博愛를 주장했다. 명가는 현대에서 논리학論理學이라고 하는 것을 연구했다. 종횡가는 언변으로 외교를 유리한 방향으로 이끌어내고자 했다. 잡가는 다른 제자백가의 주장을 하나로 정리하는 것을 지향했다. 농가는 글자 그대로 농업을 중시하고, 부지런히 일함에 있어 천하평등을 주장했다. 소설가는 잡다한 이야기들을 서적으로 남겼다.

표 : 공자, 맹자 등

도가 속세의 욕망을 등지고 인간으로써 자연스러운 삶의 방식을 추구한다. 민중들에게 널리 알려졌다.
　　　대표 : 노자, 장자 등

법가 법률을 정리함으로써 사람들을 통제하고, 안정된 사회를 지향한다. 진나라의 시황제가 채용한다.
　　　대표 : 한비자 등

기타　● 음양가 : 만물을 음양으로 설명　　● 묵가 : 비공과 박애를 주장
　　　● 명가 : 논리학을 연구　　　　　　　● 종횡가 : 언변을 외교의 무기로 삼음

이 중에 손자(전쟁에서 승리하기 위한 수법을 연구하는 군사학자)**로 대표되는 병가도 있었다.**

손자병법 **013**

손자(孫子)

중국(中國)

생몰(生沒) 불명(不明)
본명(本名) 손무(孫武)
출신(出身) 제(齊)

1장 손자란 무엇인가

2,500년 후인 오늘날에도 각광받는 사상을 만들다.

본명은 손무라고 하며, 손자는 존칭으로 쓰인다. 전 세계 최초의 병법서 「손자」를 저술한 손무는 변방의 약소국인 오나라 왕인 합려의 부름을 받아 오나라를 섬기게 된다. 그 뒤로 오나라는 손무의 탁월한 군사지도력에 의해 연승을 거두고 대국으로 발전해간다.

하지만 기원전인 496년, 합려는 손무의 말을 듣지 않고, 인근 국가인 월나라에게 공격을 받아 패하게 되고, 그 상처가 원인이 되어 합려는 사망한다. 동시에 손무는 사직하고 오나라를 떠나게 된다. 이후 손무의 이름은 역사에 등장하지 않는다.

유례 없는 재능을 가진 손무였기에 그가 죽은 뒤에도 그의 사상은 남아 있다.

「손자」는 군인을 비롯해 많은 사람들이 읽은 책이고, 많은 전쟁에서 활용되었다. 오늘날에도 중국 병법의 대표적 고전「무경칠서」를 필두로 꼽고, 그 명성은 중국에 그치지 않고 전 세계에 널리 퍼지고 있다. 2,500년 전의 서적이지만, 오늘날까지 전해져 경영, 리더쉽, 비즈니스 등에 폭 넓게 응용되고 있는 것은 「손자」가 시대를 초월한 보편성을 가진 명백한 증거라고 할 수 있다.

손빈(孫臏)

중국(中國)

- **생몰(生沒)** 불명(不明)
- **본명(本名)** 손자(孫子) 「존칭(尊稱)」
- **출신(出身)** 제(齊)

오랜시간 수수께끼였던 「또 한명의 손자」

　손무(孫武)의 수세대 후의 자손. 손무와 마찬가지로, 또 다른 「손자」라 불렸다. 춘추시대에 이은 전국시대에 태어나, 군사軍師로서 제나라를 섬겼다. 계릉桂陵전투에서는 위魏나라가 다른 나라를 공격하고 있는 와중에 수비가 허술해진 위나라 본토를 무찔렀다. 한韓나라와 전투를 벌인 마릉馬陵전투에서는 적으로부터 탈주병이 속출하고 있다고 생각하게끔 하여, 숨어서 기다리다가 추격군追擊軍을 격퇴했다. 이와 같이 그도 손무에 뒤지지 않는 병법에 재능을 가지고 있어 병법서를 저술했다. 하지만 이 병법서는 짧은 시간 안에 사라지고 말았다.

　그리고 오랜 시간이 흘러 「손자」 자체가 손무와 손빈 중 누구에 의해 씌어졌는지 확실히 밝혀지지 않은 채 논쟁의 불씨가 되어왔다. 그러던 1972년에 상황은 급변한다. 산동성의 고분에서 두 종류의 병법문헌이 발견되어, 하나는 손무가 남긴 것이고, 또 다른 하나는 손무의 것과 명백히 다른 것임이 밝혀졌다. 이것이 손빈이 저술했다고 인정받아 『손빈병법』이라는 이름이 붙여졌다. 오늘날에도 「또 한명의 손자」라고 불리우기도 한다.

※ 국립박물관에는 「손빈전」, 「동주열국지」 등과 같은 한글소설이 남아 있다. 이 책은 손빈과 방연의 대결을 그린 소설인데 대단히 흥미로운 기록 소설이다. 풍몽룡(1575~1645)이 지었다.

1장 손자란 무엇인가

오자서(伍子胥)

중국(中國)

생몰生沒	?년 ~ 기원전 485년
본명本名	원(員) 「본명(本名)」, 자서(子胥) 「자(字)」
출신出身	초(楚)

손무와 함께 오를 지탱한 또 한 명의 천재장군

손무와 함께 오나라의 약진의 원동력이 된 인물. 원래는 초나라 사람이었으나 초나라 평왕平王이 아버지와 형을 살해해 복수를 다짐하고 도망친다. 오나라에 와서 오자서는 공자, 군주의 아들 광光을 섬기게 되어 광의 쿠데타에 협력한다. 머지않아 광은 합려로 즉위한다. 그리고 기원전 506년, 오나라는 초나라를 공격해 승리한다. 이 때 오자서는 이미 죽은 평왕의 무덤을 파헤쳐 시체를 채찍으로 내리치고, 칼로 배어 한을 풀었다. 「시체에 채찍질」, 「부관참시」라는 어원이 된 사건이기도 하다.

하지만 안정은 오래가지 않았다. 오나라는 월나라와의 전투에서 패하고 합려도 사망한다. 둘째 아들 부차夫差가 후계자가 된다. 기원전 494년, 오나라는 월나라와 다시 한 번 싸워 대승을 거두지만, 부차는 오자서의 반대를 무릅쓰고 월나라 구천왕을 죽이지 않고 용서한다. 오자서는 이 무렵부터 의견 차이 등의 이유로 부차와 관계가 틀어져 결국에는 자살할 것을 명령 받는다. 결국 오나라는 은혜를 원수로 갚은 월나라에 의해 멸망하고, 이 때 부차는 오자서를 죽인 것을 후회했다고 한다.

오월동주 적의를 품은 자들이 한 배에 탄다는 뜻란 말도 이때 생긴 것이다.

합려(闔閭)

중국(中國)

생몰(生沒) ?년 ~ 기원전 496년
본명(本名) 광(光)
출신(出身) 오(吳)

손무가 활약할 토대를 주고 재능을 알아본 우수한 군주

　오나라의 6대 왕. 손무나 오자서에게 도움을 받아 변방의 약소국인 오나라를 강한 나라로 성장시켜 간다. 손자의 유용성을 깨달은 최초의 왕이기도 하다. 손자를 읽은 합려는 어느 날, 제나라로부터 손무를 불러「부인을 이용해 군을 지휘해 보라」고 한다.

　손무는 흔쾌히 측실의 첩들로 부대를 꾸려서 합려의 애첩 2명을 대장으로 삼는다. 그리고 반복해서 명령과 확인사항을 일러준 뒤 신호를 보냈지만, 그를 바보로 취급한 여성들은 비웃으며 명령에 따르지 않는다.

　손무는「병사들을 이해시키지 못한 것은 나의 잘못이다」라고 말하고, 다시 명령과 확인사항을 일러주고 신호를 보냈지만, 역시 첩들은 따르지 않는다. 손무는「방금은 나의 잘못이었지만, 이번에도 실행에 옮기지 않은 것은 대장의 잘못이다」라며, 대장인 합려의 애첩을 처형하려고 했다. 목숨을 구해줄 것을 청하는 합려에게 손무는「장군으로서 군의 일에 있어서만큼은 군주의 명령이라 할지라도 받아들일 수 없습니다」라며 대장격인 두 애첩을 처형하자, 그 다음부터 첩들은 그의 명령에 순종한다. 합려는 손무의 재능을 알아채고 그를 장군에 임명한다.

여러 가지 병법서 전쟁론

- 저자(著者) : 카를 폰 클라우제비츠
- 성립(成立) : 독일, 19세기 중반
- 구성(構成) : 저자가 남긴 원고를 작가가 정리

동양의 『손자병법』, 서양의 『전쟁론』

프로이센 군인으로서 나폴레옹 전쟁에도 참가한 저자가 쓴 이 책은 동양의 『손자병법』에 필적하는 서양의 『전쟁론』이라는 유명한 책이다.

　전체적으로 독일의 관념론적인 사고에 강한 영향을 받아서 현대의 정치, 군사에도 응용할 수 있는 높은 보편성을 인정받아 오늘날에도 높이 평가를 받고 있다. 19세기 중엽쯤 동양에는 일본에 막부시대 말에 처음 들어왔을 것으로 추정한다.

대조적인 2권의 병법서

이 병법서에서 가장 인상적인 구절은 「전쟁은 정치가 정책의 연장이다」 – 즉, 자국의 의지를 타국에 강요하는 정치적 교섭이 계속되면 전쟁이 일어난다는 것이다. 그러나 그렇게 되면 「상대를 철저하게 제압해야 한다」고 주장해, 가능한 전쟁을 회피하고자 했던 손자와는 대조적인 내용을 담고 있다.
또한, 정보와 기책을 중시하는 손자와 달리 『전쟁론』은 「전쟁에서 정보는 복잡하게 뒤얽히기 마련이다」, 「기책이 전쟁에서 성공할 확률은 낮다」고 주장하는 것도 대조적인 부분이다.

여러 가지 병법서 삼국지연의(三國志演義)

- 저자(著者) : 나관중(羅貫中) 혹은 시내암(施耐庵) ?
- 성립(成立) : 중국, 명(明)나라(14~17세기)
- 구성(構成) : 예부터 입으로 내려오던 이야기를 편찬(編纂)

삼국시대를 각색하다

중국 삼국시대에 있었던 일을 토대로 인물중심의 이야기로 각색한 이 책은 우리나라에서는 주로 『삼국지연의』, 중국에서는 『삼국연의』 혹은 『삼국지통속연의』라고 불린다.

전한의 쇠퇴에서부터 군웅할거, 그리고 촉나라의 유비, 위나라의 조조, 오나라의 손권 세 사람이 세력을 다투던 삼자구도의 시대를 거쳐, 명군사 제갈량의 고군분투와 죽음, 그리고 세 나라가 함께 멸망해 가는 모습을 인덕이 많았던 유비를 중심으로 촉나라 진영을 「선」, 간사한 꾀가 많았던 조조를 중심으로 한 위나라 진영을 「악」으로 각색해서 그린 소설로 매우 높은 평가를 받고 있다.

『연의』에서 배우는 병법

오늘날에는 필독서로 손꼽히고 있지만 명나라, 청나라 때는 사람들이 병법을 배우기 위해 읽는 서적이자, 태평천국의 난을 일으킨 홍수전(洪秀全)이 전술을 위해 참고했다고 하는 이야기가 전해져 내려온다.

조조(曹操)　제갈량(諸葛亮)　유비(劉備)

우리나라와 일본에서는 그와 같이 사용된 적은 거의 없으나, 17세기 이후에 사람들 입에 오르내리면서 역사상 인물을 『연의』의 인물 – 제갈량 등에 빗대어 이해하는 일도 있었다고 한다. 또한, 오늘날에도 널리 알려져 있는 이야기이기 때문에 거기에 담겨져 있는 많은 교훈이나 진리를 얻으려고 한다.

 ## 손자의 내용구성

손자 13편

현존하고 있는 손자는 위무주손자魏武注孫子를 근간으로 하고 있어 13편으로 구성되어 있다. 참고로, 『한서예문지漢書藝文志』·『병권모가류兵權謀家類』에 따르면 82권·도구권圖九卷, 「사기史記」에서는 현재 알려져 있는 것과 마찬가지로 13편으로 되어 있다.

각장은 각각 「계편」, 「작전편」, 「모공편」, 「형편」, 「세편」, 「허실편」, 「군쟁편」, 「구변편」, 「행군편」, 「지형편」, 「구지편」, 「화공편」, 「용간편」으로 이루어져 있다. 각 장의 제목이나 순서에 대해서는 대본에 따라 미묘한 차이가 있다. 특히 용간편과 화공편은 최근 발견된 『죽간본』에 따라 순서가 반대로 되는 경우가 많다

이 책에서의 제재에 대해서

이 책에서는 손자 사상의 근본에 해당하는 「계편」부터 「모공편」까지를 제 2장에, 싸우는데 있어

「손자」의 내용구성

손자 13편 각각의 내용에 대해 자세하게 설명하기 전에 우선 대략의 내용을 살펴보도록 하자.

【 본서 제2장 】
- 1. 계책편(計策篇) ➡ 전쟁을 시작하기 전에 마음가짐에 대해서 서론
- 2. 작전편(作戰篇) ➡ 전쟁 준비를 계획하는 것에 대해서
- 3. 모공편(謀攻篇) ➡ 싸우지 않고 이기기 위한 방법에 대해서

【 본서 제3장 】
- 4. 형편(形篇) ➡ 전투를 맞이하여 태세를 갖추는 것에 대해서
- 5. 세편(勢篇) ➡ 형편에 이어 기세를 이용하는 것에 대해서

머릿속에 넣어두어야 할 내용인 「형편」부터 「허실편」까지를 제 3장에, 그리고 여러 가지 상황이나 전술에 대응하기 위해 각론에 대해 설명한 「군쟁편」부터 「지형편」까지, 「구지편」부터 「용간편」까지를 제4장, 제5장에, 각각 나누어 놓았다.

자세한 내용에 대해서는 각각의 장에 게재해 놓았으므로, 참조하길 바란다. 아래의 페이지에도 간단하게 개요를 정리해 놓았으므로 조금이라도 이해하는데 도움이 되길 바란다.

손자 각각의 버전을 분류하는 방법

손자는 몇 가지 버전이 있는데, 버전에 따라 「어디까지를 하나로 묶고 자를 것인지」가 달라진다. 『위무주손자(魏武注孫子)』 중에, 『평진관본(平津館本)』에서는 「계편」~「세편」을 상권, 「허실편」~「행군편」을 중권, 「지형편」~「용간편」을 하권로 나누었다. 한편, 『십가주본(十家注本)』에서는 「세편」부터가 중권으로 구분했다. 『고문손자(古文孫子)』에서는 「계편」~「행군편」을 상편, 「지형편」~「용간편」을 하편으로 나누었다.

	6. 허실편(虛室篇) ➡	전쟁에 있어서 어떻게 주도권을 잡을 것인가?
【 본서 제4장 】	7. 군쟁편(軍爭篇) ➡	적군의 기선을 제압하고 유리하게 싸우기 위해서
	8. 구변편(九變篇) ➡	전쟁을 하며 판국의 변화에 적절하게 대응하기 위한 방법
	9. 행군편(行軍篇) ➡	군대를 움직이기 위한 주의사항에 대해서
	10. 지형편(地形篇) ➡	지형의 변화에 전술도 걸맞게 조화시킬 것
【 본서 제5장 】	11. 구지편(九地篇) ➡	아홉가지 종류의 지형과 적의 내부 깊숙이 침공하는 것
	12. 화공편(火攻篇) ➡	화공전술의 의미와 주의점에 대해서
	13. 용간편(用間篇) ➡	「간(間)」 즉, 첩자의 사용법에 대해서

손자의 사상

손자의 근본에는

손자의 내용에 대해서 상세하게 기술하기 전에 그 사상의 개요에 대해 간단히 살펴보고자 한다.

우선, 손자의 사상의 근본에 있는 것은「상황을 정확하게 파악하라」는 것이다. 적과 아군, 지형, 날씨, 보급상태 – 이러한 것들을 주의깊게 살펴보고 그것이 무엇을 의미하는지를 냉정하게 생각하는 것이 손자병법이다.

그래서 그가 이야기 하는 것 중에는 미신적인 내용은 거의 찾아볼 수 없고, 어디까지나 전쟁의 역사에 대한 연구나 자신의 경험에 의한 합리적·이론적인 결과가 쌓여있다.

손해를 줄여라

그만큼 손자가 합리적이고 냉정한 군의 지휘를 요구한 것은 애초에「전쟁이라는 것은 국가의 운

孫子兵法 손자의 사상

손자에는 몇 가지의 사상을 반복해서 이야기하고 있는데, 명확한 의사를 가지고 정리된 것을 알 수 있다.

【 냉철한 계산·손자의 근본적인 생각 】

전술과 전략에 미신이나 운을 배제시키고 어디까지나 현실적으로 생각한다.
- 적군과 아군 쌍방의 상황을 정확하게 파악하는 것을 중시한다.
- 식량이나 물자, 병사의 사기를 유지하는 것을 열심히 생각한다.
- 지형의 특징이나 적의 행동을 치밀하게 관찰한다.

명이 걸린 큰 일이다」라는 인식을 가지고 있었기 때문이다. 그렇기 때문에 일시적인 감정으로 전쟁을 일으키는 것은 당치도 않으며, 전쟁을 하지 않고 해결하는 것보다 더 좋은 방법은 없다 – 그렇다, 손자는 병법서이면서 어떤 의미로는 전쟁을 부정하고 있다.

그래서, 전쟁을 짧은 시간 내에 끝내기 위해 손자는 묘책을 중시하고, 항상 주도권을 쥐고 싸우도록 설득한다. 그것 모두 역시 나라와 백성을 다 위해서이다.

미니지식

춘추전국시대의 전쟁관

손자가 태어난 춘추전국시대, 전쟁에는 2가지 인식이 있었다. 하나는 도가(道家)의 대표자 노자의 『병자불상지기(兵者不祥之器)』로 대표되는 『염전론(厭戰論)』이다. 오랜 시간 계속되는 전쟁의 혼란 속에 사람들은 지쳐가고, 전쟁을 부정하는 사상이 널리 퍼진 것이다. 하지만, 한편으로는 정당성만 있으면 전쟁이라는 것은 「폭력을 금지하고 혼란을 잠재운다」는 것을 가능하게 할 수도 있는, 한정적이지만 전쟁을 긍정하는 주장도 일어났다. 그리고 손자는 이 중 어느 한쪽도 아닌 길을 선택한다.

【 전쟁은 거대사업. 손자는 전쟁을 어떻게 생각했는가? 】

많은 양의 물자, 많은 사람의 목숨 나아가서 나라의 운명을 건 거대한 사업.
- 전쟁을 쉽게 일으켜서는 안된다.
- 외교나 모책謀策 등으로 해결할 수 있다면, 그것이 최선이다.
- 장기전은 국력을 소모하기 때문에 가능한한 피할 것.

【 전쟁은 짧게, 주도권을 쥐어라 ! 】

전쟁을 짧은 시간 내에 끝내고 아군의 손해를 줄이는 것이 중요하다.
- 면밀한 계산과 사전 준비 후에 기세를 살려 공격한다.
- 지키기 위한 전쟁보다 공격하기 위한 전쟁이 유리하다.
- 적을 공격할 때에는 일부러 적의 깊숙이 쳐들어간다.

기타

나폴레옹 보나파르트

- **생몰(生沒)** 1769년 8월 15일 ~ 1821년 5월 5일
- **본명(本名)** 나폴레옹 1세, 나브리오네 디 보나파르트
- **출신(出身)** 프랑스 코르시카섬

유럽 역사에 큰 획을 기록한 천재도 손자병법을 친애했다.

프랑스 역사를 대표하는 영웅. 지중해 외딴섬인 코르시카 섬에서 태어난 그는 파리 사관학교를 거쳐 군인이 되어 1789년에 일어난 프랑스혁명에 참가했다. 프랑스가 유럽제국과 전쟁 중에 나폴레옹은 승진을 거듭하여, 점차 정권까지 노리게 된다. 전쟁 중에도 몇 번이나 위험에 처하지만 많은 공적을 세운 그의 인기는 급 상승하여 결국엔 1804년에 황제 나폴레옹1세로 즉위한다.

나폴레옹은 「손자」를 애독하고 연구했었다. 나폴레옹의 특기였던 전술 중에 「적을 분석하고, 병력을 집중해서, 각개 격파한다」가 있는데 이것은 「손자」의 영향을 받은 것이다. 이렇게 해서 각국과 전쟁을 계속해 승리한 프랑스와 나폴레옹이었지만 언제까지 절정의 자리에 있을 수는 없었다. 1815년, 연합군에게 패배하고 퇴위한 나폴레옹은 영국 해군에게 투항한다. 마지막에는 대서양의 외딴섬 세인트 헬레나섬으로 유배, 그 곳에서 숨을 거둔다.

1장 손자란 무엇인가

빌헬름 2세

기타

- **생몰(生沒)** 1859년 1월 27일 ~ 1941년 6월 4일
- **본명(本名)** 별명. 프리드리히 빌헬름 알베르트 빅터
- **출신(出身)** 독일 베를린

모든 것이 끝난 뒤 「이것만 있으면」이라고 탄식하다

독일제국 초대황제 빌헬름 1세의 손자로 태어났다. 아버지 프리드리히 3세가 재위한 지 3개월 만에 병으로 죽었기 때문에 29세의 젊은 나이로 황제에 즉위한다. 그의 정책은 군국주의적이라서 할아버지가 신뢰한 재상宰相인 비스마르크와 대립 후 그 결과 비스마르크는 퇴임하게 된다. 그 후에는 군사력을 증강하는데 힘을 기울이지만, 이것이 영국과 러시아와 대립을 불러일으켜 제1차 세계대전의 계기가 된다. 정치력에 있어서는 별로 우수하지 못했다고 한다.

전쟁이 계속될수록, 빌헬름 2세는 서서히 발언권을 잃어간다. 1918년 1차 세계 대전에서 패배하고 민주주의를 일으키는 혁명이 일어난다. 완전히 지위를 잃은 빌헬름 2세는 네덜란드로 망명하고 동시에 독일제국의 역사도 막을 내린다. 독일에 돌아가지 않고 그는 1941년에 사망한다. 일설에 의하면 빌헬름 2세는 망명 후에 처음으로 손자를 접하고,「이 책으로 공부했다면 패배하지 않았을 텐데」라고 후회했다고 한다.

마오쩌둥(毛澤東, 모택동)

중국(中國)

생몰(生沒) 1893년 12월 26일 ~ 1976년 9월 9일
본명(本名) 영지(詠芝), 윤지(潤芝), 자임(子任)「필명筆名」
출신(出身) 호남성 상담현 소산촌(湖南省湘潭縣韶山村)

손자를 토대로 현대 중국을 세운 혁명가

현대 중국을 대표하는 정치가 중 한 명. 농민의 아들로 태어나 1918년 학교를 졸업하고 북경으로 상경, 일하면서 평론활동 등을 펼친다. 그리고 1921년, 현재도 독재정당을 유지하고 있는「중국공산당」의 창립멤버가 된다. 그 후 중일전쟁과 제2차 세계대전이 발발하자, 마오쩌둥을 중심으로 중국군은 일본과 격전을 펼친다. 전쟁이 끝난 뒤 1949년에 중화인민공화국이 건국된다. 마오쩌둥이 이 때 건국선언을 한다.

같은 중국대륙의 서적인 손자를 마오쩌둥은 스스로 군사사상으로 받아들이고, 항일전이나 국내 전쟁에 활용한다. 마오쩌둥이 쓴 책에는「적을 알고 나를 알면 백전백승」등, 손자의 문장이 다수 인용되어 있다. 마오쩌둥은 1976년에 사망할 때까지 탁월한 군인, 정치가, 사상가로 국내외 존재감을 드러냈다. 북경의 천안문광장에 초상화가 걸려있는 등 지금도 국민의 아버지로 널리 존경받고 있다.

서희(徐熙)

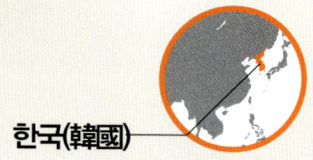
한국(韓國)

- **생몰(生沒)** 942년~998년
- **본명(本名)** 자 : 염윤(廉允), 호(號) : 장위(章威)
- **출신(出身)** 이천(利川)

탁월한 외교관, 싸우지 않고 승리하다.

960년 광종11년 문과에 급제, 내의시랑內議侍郞이 되었다. 그 뒤 982년 송나라에 가서 중단되었던 국교를 열었다. 검교병부상서에 오른 그는 993년 거란이 대군을 이끌고 침략하자, 중군사中軍使로 출전하였다. 전세가 불리하자, 조정 안에서는 항복하자는 쪽과 서경西京 지금의 평양 이북을 내주자는 안案 중에서 후자를 택하는 쪽으로 기울었다.

서희는 이를 있는 힘을 다해 반대하고 자진해서 국서를 가지고 적장 소손녕과 담판을 벌였다. 이때 서희는 옛 고구려 땅이 거란 소유라는 적장의 주장을 반박, 고려는 고구려에서 나온 후신임을 설득하여 거란을 철수시킨다. 994년 평장사平章事로 청천강 이북의 여진족을 축출, 지금의 평북 일대를 완전히 회복하였다.

이것이야말로 손자의「싸우지 않고 승리를 취한다」는 병법의 핵심을 실천한 예라 하겠다.

본 일러스트는 「한국어 번역판」을 위해 도서출판 골든벨에서 독자적으로 그린 일러스트입니다.

이순신(李舜臣)

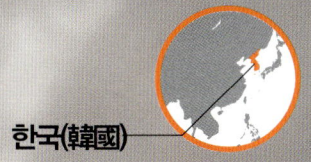
한국(韓國)

- **생몰(生沒)** 1545년~1598년
- **본명(本名)** 자 : 여해(汝偕), 시호 : 충무(忠武)
- **출신(出身)** 한성부 건천동(현 서울 중구 인현동)

세계 해전사에 길이 빛나는 최고의 해군제독

세계해전사에 그 유래를 찾아볼 수 없는 전승을 이끈 영웅 중의 영웅.

전란은 일본의 도요토미 히데요시가 조선을 침략함으로써 시작된다. 이때 전란은 이순신이 전라수군절도사로 부임하고 약 1년 후에 일어났다. 그는 일본의 침략을 예견하고 관내의 방어망을 철저히 구축 했으며, 나아가 싸우는데도 결코 경거망동하는 법이 없었다. 그가 고안해낸 세계 최초의 철갑선인 거북선을 필두로 판옥선을 전개하여 학익진 등을 쓰며 사천포 해전, 당포해전, 당항포 해전, 한산도 대첩, 안골포 해전, 부산포 해전을 모두 승리로 이끌었다.

그는 전란의 와중에서도 당쟁에만 몰두하는 어리석은 조정의 모함으로 파직되어 백의종군하게 된다. 원균이 그의 자리를 대신하였으나, 칠천량 해전에서 일본군에 참패하는 바람에 수군통제사로 재임명된다. 남아있는 전선은 고작 13척 뿐, 그는 이 빈약한 병력을 거느리고 명량에서 적선 133척과 대전을 벌여 그 중 31척을 격파한다. 이 승리로 조선은 다시 제해권을 회복한다. 그러나 1598년 노량해전에서 철수하는 왜군을 막고 혼전을 벌이다 유탄에 맞아 전사한다. 그는 손자의 그것을 모두 담고 그것을 실천한 위대한 명장이다. 결국 일본은 이 전쟁의 후유증으로 도요토미 히데요시의 막부가 망하는 시초가 되었던 것이다.

본 일러스트는 「한국어 번역판」을 위해 도서출판 골든벨에서 독자적으로 그린 일러스트입니다.

토고 헤이하치로
(東鄕平八郞)

일본(日本)

- **생몰(生沒)** 1847년 1월 27일 ~ 1934년 5월 30일
- **본명(本名)** 별명(別名) 츄고로(仲五郞, 어릴적 이름), 사네요시實良(본명)
- **출신(出身)** 사츠마노쿠니시모카지야마치(薩摩國下加治屋町)

압도적 승리의 전설 뒤에는 손자가 있었다

「군신軍神」,「admiral.Togo」로 칭해지는 구 일본제국해군의 영웅. 영국 유학을 거쳐 해군이 되어 엘리트 코스를 밟는다. 청일전쟁 후에 연합함대 사령관 자리에 취임한 토고는 러일전쟁 당시에 동해해전에서 당시 세계최강이었던 러시아의 발틱함대와 대결한다. 이 때, 발틱함대는 오랜시간 항해로 인해 지쳐 있었다. 발틱함대가 최단항로인 대한해협을 지날 것이라고 예상한 토고는 그곳에 전력을 배치해 지칠대로 지친 발틱함대를 맞이하여 싸웠다.

손자병법대로「가까운 곳에서 준비해 멀리서 오는 적을 맞이하고, 안정된 상태에서 피로한 적을 맞이한다」는 의도가 통한 것이다. 맞닥뜨린 양쪽 함대는 전투를 시작. 연합함대는 후에「토고 턴東鄕 Turn」이라는 이름이 붙여진 적전대회두敵前大回頭를 성공시키고, 정자전법丁字戰法으로 러시아 함대를 완전히 파멸시켰다. 오늘날까지도 전해져 내려오는 압도적 승리이자, 당시에는 세계에 일본과 토고 헤이하치로의 이름을 알린 전투였다. 토고는 세계 해군 해전사에서 세계 3대제독으로 손꼽히고 있다. 그 3대 제독은 조선의 이순신, 영국의 넬슨, 일본의 토고이다.

※ 토고는 훗날에 이렇게 회고한다. 나는「이순신의 절반도 못 따라간다. 이순신 제독이야말로 세계 해군사에 빛나는 제일의 제독이다.」라고 말했다.

「손자」로 보는 전투 – 세키가하라(關ヶ原)전투

형태를 만든 미츠나리(三成), 상황을 만든 이에야스(家康)

때는 케이쵸慶長 5년 1600년, 도요토미 히데요시가 죽고 시작된 토요토미 정권의 붕괴는, 토쿠가와 이에야스가 이끄는 동군과 이시다미츠나리가 이끄는 서군의 세키가하라전투로 치달는다. 이 때, 미츠나리는 동군의 배에 달하는 전력을 모아 3개의 산에 배치해, 적을 포위하는 태세를 갖췄다. 「병사의 수」, 「포위」, 「높은 지대」라는 최적의 형태를 마련했다. 한편, 이에야스는 전투를 하기 전부터 모략을 세워 토요토미의 보살핌을 받았던 여러 장수들을 동군으로 끌어들인 것은 물론, 서군의 유력한 세력인 코바야카와小早川 군에게 서군을 배신한다는 약속을 받아내고, 모리毛利 군과도 전쟁을 벌이지 않겠다는 약속을 한다.

히데아키(秀秋)의 마음을 읽어라

드디어 시작된 양쪽 군사의 격돌은 일부가 제대로 움직이지 못함에도 서군이 분투하여, 양쪽이 호각을 이루는 상황이었다. 이 상황을 바꾼 키포인트는 코바야카와 히데아키小早川秀秋의 동향이었다. 그는 서군에 소속되어 동군과 내통하며 서군을 배반할 것을 약속했지만, 마음이 흔들려 싸우지 못했다. 그 망설임을 끊은 것이 이에야스였다. 일부러 코바야카와군에게 총을 쏘아 위협했다. 놀란 히데아키는 서군을 공격하고, 싸움은 동군의 승리로 끝났다. 이에야스와 미츠나리는 양쪽 다 손자의 가르침에 상이한 작전을 펼쳤지만, 마지막의 결정적 수단이 된 것은 히데아키의 마음을 읽은 이에야스의 결단이었던 것이다.

> **보충**
>
> ### 서군 내부의 내간들?
>
> 이에야스는 모든 상대에게 모략을 준비해서, 세키가하라전투에서 승리했다. 그 일화 중에, 손자가 말한 오간(五間) 중 내간, 자신의 진영을 배반한 스파이로 알려진 2명의 관리에 대한 이야기가 있다. 마시타나가모리(增田長盛), 마에다겐이(前田玄以)는 각각 미츠나리와 같은 오부교(五奉行)로 토요토미 정권을 떠받치고, 세키가하라 전투에서도 서군에 소속되었지만 실제 전투에는 참가하지 않은 채, 심지어 이에야스에게 정보를 흘렸다는 설이 있다. 그것이 진실이라면 그들로부터 얻은 정보는 동군에게 매우 유리했을 것이다.

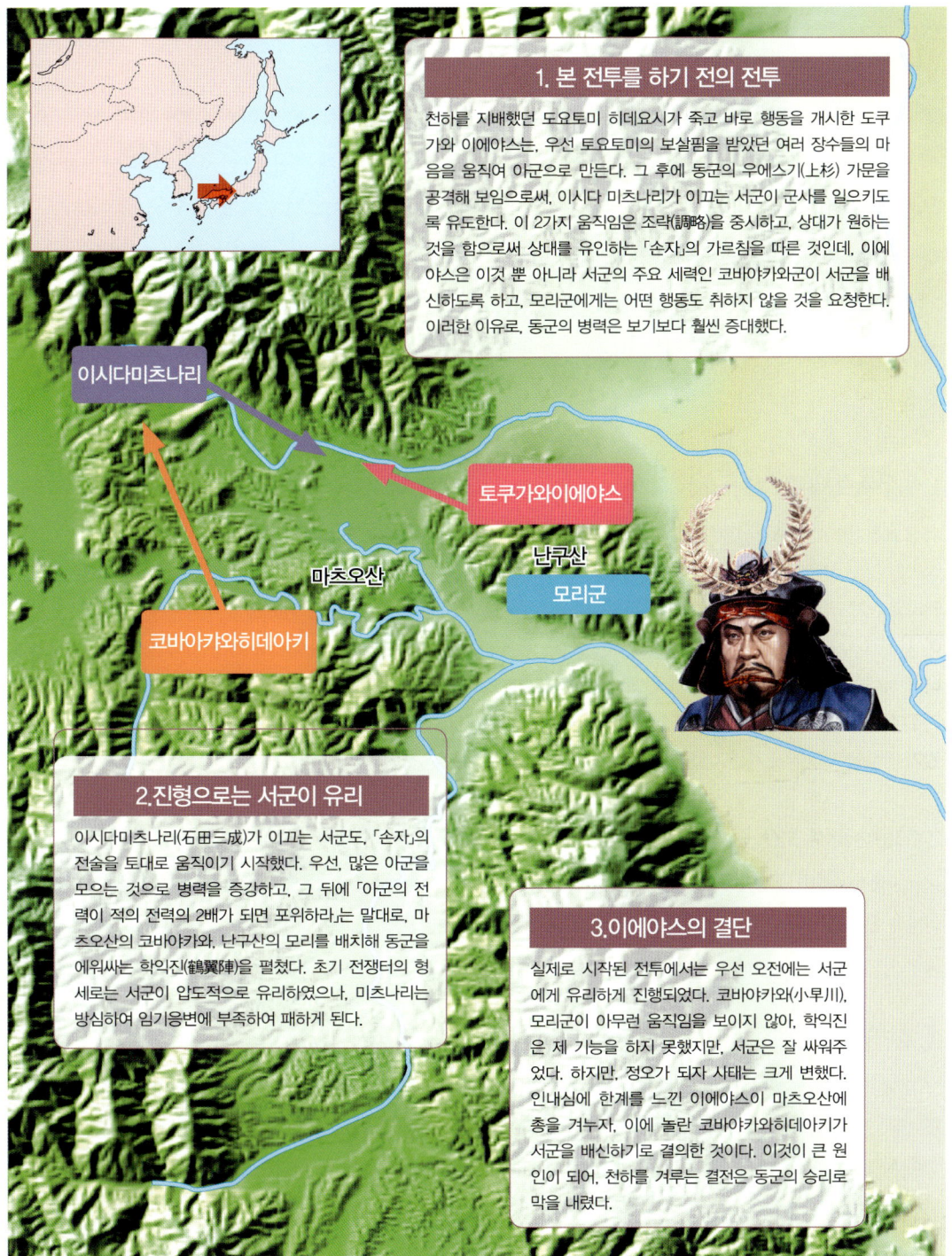

1. 본 전투를 하기 전의 전투

천하를 지배했던 도요토미 히데요시가 죽고 바로 행동을 개시한 도쿠가와 이에야스는, 우선 토요토미의 보살핌을 받았던 여러 장수들의 마음을 움직여 아군으로 만든다. 그 후에 동군의 우에스기(上杉) 가문을 공격해 보임으로써, 이시다 미츠나리가 이끄는 서군이 군사를 일으키도록 유도한다. 이 2가지 움직임은 조략(調略)을 중시하고, 상대가 원하는 것을 함으로써 상대를 유인하는 「손자」의 가르침을 따른 것인데, 이에 야스은 이것 뿐 아니라 서군의 주요 세력인 코바야카와군이 서군을 배신하도록 하고, 모리군에게는 어떤 행동도 취하지 않을 것을 요청한다. 이러한 이유로, 동군의 병력은 보기보다 훨씬 증대했다.

2. 진형으로는 서군이 유리

이시다미츠나리(石田三成)가 이끄는 서군도, 「손자」의 전술을 토대로 움직이기 시작했다. 우선, 많은 아군을 모으는 것으로 병력을 증강하고, 그 뒤에 「아군의 전력이 적의 전력의 2배가 되면 포위하라」는 말대로, 마츠오산의 코바야카, 난구산의 모리를 배치해 동군을 에워싸는 학익진(鶴翼陣)을 펼쳤다. 초기 전쟁터의 형세로는 서군이 압도적으로 유리하였으나, 미츠나리는 방심하여 임기응변에 부족하여 패하게 된다.

3. 이에야스의 결단

실제로 시작된 전투에서는 우선 오전에는 서군에게 유리하게 진행되었다. 코바야카와(小早川), 모리군이 아무런 움직임을 보이지 않아, 학익진은 제 기능을 하지 못했지만, 서군은 잘 싸워주었다. 하지만, 정오가 되자 사태는 크게 변했다. 인내심에 한계를 느낀 이에야스이 마츠오산에 총을 겨누자, 이에 놀란 코바야카와히데아키가 서군을 배신하기로 결의한 것이다. 이것이 큰 원인이 되어, 천하를 겨루는 결전은 동군의 승리로 막을 내렸다.

다양한 버전의 손자

고대 중국, 춘추전국시대에 완성된 손자는 예부터 지금까지 전해져오면서 여러 가지 형식, 버전이 탄생했다. 그도 그럴 것이 손자의 기록이 매우 간결해서 구체적인 이미지를 이해하기 어려운 부분이 많이 있어 여러 학자들에 의해 개정이 이뤄졌고 매우 많은 주석이 달려있기 때문이다. 다양한 손자의 해설본으로 해석에 미묘한 차이가 있는 것은 이러한 이유가 있기 때문이다. 이런 개정의 결과, 손자는「실제로 언제 쓰여졌는가?」를 파악하기가 어렵다.

하지만, 손자孫子의 여러 가지 버전은 크게 3가지로 나눌 수 있다. 『위무주손자』,『고문손자』,『죽간본』의 3가지 버전이다.

1. 위무주손자(魏武注孫子)

가장 널리 읽히는 손자가 이 위무주손자라고 할 수 있다. 실제로 이 책에서도 이 버전을 주된 근거로 삼고 있다. 이것을 정리한 것은 삼국시대의 영웅 중 한명, 위(魏)나라의 무제(武帝)인 조조(曹操)다. 그는 다양한 버전의 책과 해설서를 정리하고 현재 잘 알려진 13편의 손자를 완성한다.

이 사이에 사본의 차이나 상이한 해석에 따라 많은 종류의 책이 탄생한다. 이 중에서도 특히 청나라 시대의 학자가 송나라 시대의 원형을 모방하여 다시 판에 새긴「평진관본(平津館本)」과 송나라 시대까지 대표적인 주석을 모아놓은「십가주본(十家注本)」이라는 2종류의 손자가 대표적이었다. 하지만, 기본적으로 조조가 재구성 한대로 오늘날까지 전해져 왔기 때문에 지금 우리가 손자를 친근하게 느끼는 데에는 조조의 공적이 매우 컸다고 할 수 있다.

2. 고문손자(古文孫子)

일본, 센다이(仙台) 지역의 유생, 사쿠라다케이테키(櫻田景迪)가 출판한 것으로, 사쿠라타 스스로는 「대대로 사쿠라타 가문에 전해져 내려온 것이기 때문에, 「위무주손자」보다도 오래된 것이다」라고 주장한다. 그 말이 사실인지 아닌지는 불분명 하지만「손자」연구 자료 중에서도 손꼽히는 귀중한 역사적 자료 중 하나이다.

3. 죽간본(竹簡本)

그 외에「죽간본」등으로 불리우는 것도 있다. 최근 중국에서 발견된 죽간에 기록된 손자로,「위무주손자」보다 더 오래된, 손자 본래의 모습에 가장 가까운 것으로 추정된다. 다만, 이 역사적 자료는 이제 막 발견된 단계로, 13편 전편이 완전히 모아지지 않은 점, 질서가 없이 끊겨있거나 누락된 간이 많은 점 등 연구가 좀처럼 진척되기 어려운 실정이다.

2장
지혜로운 자는 상대마저 유용한다

계책편(計策篇) ~ 모공편(謀攻篇)

 # 군사의 중대성을 알라

계책편(計策篇) 1-2

「손자」첫 마디, 손자가, 13편에 이르는 문장 중에서 처음 독자에게 말하는 것은「병이란 나라의 중대한 사항」– 즉, 전쟁이라는 것은 국가의 장래를 결정하는 매우 중대한 일이라는 말이다. 이와 같이 국민의 생존이나 국가의 존망을 좌우하는 것이기 때문에 군주나 장군은 신중하게「전쟁」이라는 사태에 대처해야 한다는 것이다.

　이 책 처음에 등장하는 한 마디는 무익한 전쟁을 싫어하는 손자의 사상을 단적으로 나타낸 것인데, 요시다쇼인吉田松陰은「이 처음 한 마디가 13편을 망라하고도 남는다」라고 평가한 것으로 알려져 있다.

 군사. 즉, 군대가 하는 일의 중대성을 알라.

손자에서는 우선, 전쟁의 중대성과 우열優劣의 지침을 제시하고 있다.

손자의 가장 처음에 등장하는 말 ➡ 병(兵)전쟁이라는 것은 나라의 중대사다.

전쟁은 나라의 운명을 결정하는 중대한 일이다.

서로 실력을 파악하고 신중한 판단이 필요하다.

【 우열을 가리는 기본사항「오사(五事)」】

1. 도(道) ➡ 군주와 민중의 뜻이 하나로 뭉쳐져 있는가?
2. 천(天) ➡ 기후나 날씨 등 조건은 어떠한가?
3. 지(地) ➡ 전쟁터의 지형은 어떠한 영향을 미칠 것인가?

오사(五事)와 칠계(七計)

그 만큼 중요한 전쟁이라는 문제를 어떻게 생각하면 좋을까? 이 질문에 대해 손자는 구체적인 판단 기준인 오사와 칠계「계만 표기한 것도 있다」를 제시하고 있다.

우선 오사라는 것은「도, 천, 지, 장, 법」의 다섯가지 기본적 사항이다. 이것은 누구나 알고 있는 것 같지만, 그것을 깊이 이해하고 있는 사람만이 전투에서 승리를 얻을 수 있다. 한편, 칠계라는 것은 오사를 받아들이고 살펴보아야 할 7가지 사항이다. 이것은 관념에만 사로잡혀 있는 지침이 아니라 구체적인 주의사항까지도 파고 들어간다.

보충

책모가 채용? 불채용?

손자가 말하기를 '오사와 칠계에 근거해서 책모를 제시한 장군이 순종한다면 승리할 것이니 유임시키고, 순종하지 않는다면 패할 것이니 해임시켜라. 그리고 만약, 장군책모를 이해한 뒤에 순종한다면, 그것은 임기응변의 태세가 갖추어진 것이다.'라고 말한다.

다만, 이 대목에는 다른 해석도 있다. 그 해석에 따르면 책모가 통하면 승리할 것이니 자신이 소속된 나라에 남고, 그렇지 않으면, 즉 나라를 떠나라는 말이다. 즉, 군사의 처세술에 관한 내용이라 할 수 있다.

---

4. 장(將) ➡ 장군의 지혜나 용기 등 자질이 어떠한가?
5. 법(法) ➡ 군사軍事제도는 얼마나 정비되어 있는가?

⬇ 기본사항은 누구나 알고 있지만 이해하지 못하면 승리할 수 없다.

【 구체적으로 살펴봐야 하는 사항「칠계」】

1. 어느 쪽 군주가 보다 현명하게 민심을 사로 잡았는가? ➡ 도(道)
2. 어느 쪽 장군이 보다 우수한 능력을 가지고 있는가? ➡ 장(將)
3. 어느 쪽이 기후나 지형이 가져다 줄 이점이 있는가? ➡ 천(天)·지(地)
4. 어느 쪽이 군법이나 명령을 철저히 하고 있는가? ➡ 법(法)
5. 어느 쪽이 군사의 수 −현대전에서는 군장비의 선진화− 에서 우위에 있는가? ➡ 도(道)·지(地)·법(法)
6. 어느 쪽 병사가 군사훈련을 제대로 받았는가? ➡ 법(法)
7. 어느 쪽이 상벌을 확실히 실행하고 있는가? ➡ 법(法)

 ## 전쟁이라는 것은 적을 속이는 것
계편(計篇) 3

병(兵)이란 궤도(詭道)이다.

우선, 전쟁의 중대성을 설명한 손자는 계속해서 국가의 존망이 걸린 중대한 일인 전쟁을 어떻게 하면 좋을까를 단적으로 기술한다 — 즉,「병이란 궤도이다」라고. 이「궤」라는 것은 궤변이라는 단어에 사용되는 것처럼「거짓말하다, 기만하다, 속이다」라는 의미를 가지고 있기 때문에,「전쟁이라는 것은 상대를 속이고, 기만하여 허를 찌르는 것이다」라는 말이다.

  이 말은 손자 전체를 아우르는 말 중 하나로, 이 후에도 몇 번이나「적을 속여 목적을 달성한다」는 내용이 나온다. 전쟁은 결국 이기느냐 지느냐가 전부이기 때문에 선악에 관계 없는 것이다.

 ## 전쟁이라는 것은 적을 속이는 것

「손자」는 반복해서 기책奇策을 써서 상대를 쓰러트리는 것을 설명한다.

「병이란 궤도이다.」

➡ 전쟁의 본질은 상대를 속여 자신에게 유리한 상황을 만드는 것

⬇ 상대를 속이는 방법은 예를 들어 어떤 것이 있는가?

1. 적에게 자신의 힘을 **과소평가**하도록 만든다
2. 적극적으로 공격하고자 할 때야 말로 **소극적인 태도**로 위장한다.

적을 속이는 구체적인 방법

그럼 '속인다'고 하더라도 그것만으로는 어떻게 하면 좋을지 알 수 없을 것이다. 그래서 손자는 구체적으로 「속이는 방법」을 몇 가지 소개하고 있다. 그것은 예를 들어, 자신의 약한 모습을 보이거나 아직 멀리 있는 것처럼 보여서 방심하게 한다거나, 상대를 화나게 하거나 지치게 하거나 분열시키는 등 전력을 다하지 않도록 하고, 혹은 상대가 힘을 소모하게 하기 위한 여러 가지 수법이다.

다만, 손자는 이러한 것은 전부 임기응변의 상황에 맞춰 결정해야 한다고 말하고 있으므로 주의가 필요하다.

3. 적과 가까이 있을 때는 멀리 있는 것처럼, 멀리 있을 때는 **반대로 행동**한다.
4. 함정을 팔 때는 상대가 원하는 것을 **일부러 보이고**, 혼란스러워 하는 것처럼 보여서 **유인**한다.
5. 적이 전력을 모았다면 맞이할 준비를 시작한다. 다만, 상대가 너무 강한 경우에는 **싸움을 피할 것**.
6. 적의 장군을 성나게 해서 **당혹스럽게 하여 상대의 힘을 뺀다**.
7. 일부러 약하게 보여서 상대가 **오만방자하게 굴도록 한다**.
8. 상대가 신경 쓰이도록 **질질 끌어서 지치게 만든다**.
9. 상대가 대비하지 못한 장소를 **상대가 생각지도 못한 시기에 공격**한다.

 주의

이런 전법은 전쟁에 나가기 전에 정해두기 어렵다.

➡ 임기응변에 대응하는 것이 중요.

# 전쟁 전에 결과를 안다
계편(計篇) 4

싸우기 전에 예측하라.

전투를 시작하기 전에 필요한 것은 물자나 병사의 확보, 외교적인 교섭 등 여러 가지가 있다. 그 준비의 일환으로 계책의 마지막에서 이야기 하는 것이 예측 – 전투가 어떻게 시작되서 어떻게 끝날 것인가를 시뮬레이션할 필요가 있다. 그 예측은 승산이 크면 클수록 이기기 쉽고, 승산이 작을수록 지기 쉬우며, 애초에 승산이 없다면 말할 것도 없다고「손자」는 설명하고 있다. 즉,「승산은 그때 그때의 운」이 아니라 예측 가능한 것이기 때문에 논리적으로 생각해야 한다는 말이다.

예측의 기준이 되는 것은

물론, 아무런 기준이 없는 상황에서는 예측이 가능할 리가 없다. 정확한 정보이를 위해「손자」는 첩자를 다루는 방법인 용간편으로 한 장을 할애했다나 올바른 판단 기준, 그리고 무엇보다도 다방면으로 부터의 객

 전쟁 전에 결과를 안다

임기응변의 중요성과 마찬가지로 혹은 그 이상으로,「손자」는 미리 상황을 파악해서 예측해 두는 것을 중요시했다.

【 사전 예측의 중요성 】

전쟁 전에 미리 상층부가 예측한 결과가

아군이 우세	아군이 열세
  승리	  패배

「손자」는 기준으로 오사, 칠계 등을 제시한다

관적인 견해가 있어야만 처음부터 충분히 예측 가능할 것이다. 만약 주관적인 시점으로만 보고 행동한다면 예측의 의미를 잃고 만다.

그래도 예측을 전혀하지 않는 것 보다는 낫지만 이길 가능성은 희박하다. 그리고 올바른 판단 기준이 되는 것이 바로 오사, 칠계다.

미니지식

「묘산(廟算)」과 「묘전(廟戰)」

전쟁을 시작하기 전 예측하는 것에 대해, 「손자」는 「묘산」이라는 표현을 쓰고 있는데, 이것은 고대 중국에 있었던 「묘전」이라는 풍습으로부터 유래한 것이다. 이것은 전쟁을 시작하기 전에 조상에게 제사를 지내는 종묘라는 건물에서 점을 치고 그 결과로 전쟁을 할 것인지를 정했다고 한다. 후에 이 점이 발전한 형태로 사당에서 신하들이 군사 회의를 열게 되었다. 「손자」는 이 「묘산」의 중요성을 주장하고, 구체적인 판단 기준을 제시함으로써 논리적으로 「묘산」하는 것이 중요하다고 말했다.

- 다방면에서 객관적인 상황을 예측할 수 있는 사람 ➡ **승리를 얻는다.**
- 주관적인 시점에서는 협소한 예측 밖에 할 줄 모르는 사람 ➡ **승리하기 어렵다.**
- 애초에 예측자체를 하려고 하지 않는 사람 ➡ **거의 이길 가망이 없다.**

손자가 말하길,

「내가 승패를 예언할 수 있는 것은 이렇게 예측을 하기 때문이다」

「손자」를 활용한 주요 인물들
- 삼국시대(三國時代) -

중국(中國)
조조(曹操)

- 생몰(生沒): 155년 ~ 220년
- 별명(別名): 아만(阿瞞)「아명(幼名)」, 맹덕(孟德)「자字」
- 출신(出身): 패국초현(沛國譙縣)

중국 후한(後漢) 시대의 무장. 20세에 지방의 관리가 되어 황건적의 난에서 병사를 모아 활약했다. 관도(官渡)전투에서 라이벌인 원소(袁紹)를 무찌른 뒤부터는 가장 큰 세력으로 부상, 삼국 중 하나인 위나라를 세웠다. 문필가로써도 재능을 가지고 있어, 손자병법을 현재에 전해지도록 『위무주손자』를 13권으로 정리하여 후세에 남기었다.

중국(中國)
손권(孫權)

- 생몰(生沒): 182년 ~ 252년
- 별명(別名): 중모(仲謀)「자字」, 태조(太祖)「묘호廟號」
- 출신(出身): 오군부춘(吳郡富春)

손자의 후손이라는 설이 있는 삼국시대의 인물. 형의 죽음으로 인해 19세의 어린나이에 계승자가 되어, 세력을 확대해 간다. 208년, 조조에게 침공 당하지만 항전하여 적벽전투에서 승리한다. 실력이 우수한 측근들에게 둘러싸여 있었던 손권은 많은 전쟁을 극복해 나감. 오나라의 초대황제로 즉위한다.

중국(中國)
한신(韓信)

- 생몰(生沒)　?년 ~ 기원전 196년
- 별명(別名)　불명(不明)
- 출신(出身)　회음(淮陰)

진나라 말기부터 전한 초기에 걸쳐 활약한 「국사무쌍(國士無雙)」이라고 불리우는 무장. 젊은 시절에는 가난한 생활을 했지만, 전쟁으로 혼란한 틈을 타 항우(項羽)나 유방(劉邦)과 같은 유명한 주군을 섬기고, 이윽고 한나라의 대장군 지위에 오른다. 많은 전쟁에서 공을 세운 한신은 후에 초왕에 임명되지만, 유방이 그가 반역을 일으킬 것을 의심하면서 불운이 시작된다. 결국에는 반역을 계획하지만, 마지막에 책략에 빠져 붙잡혀, 처형당하고 만다.

중국(中國)
제갈량(諸葛亮)

- 생몰(生沒)　181년 ~ 234년
- 별명(別名)　공명(孔明) 「자(字)」
- 출신(出身)　낭야국양도현(琅邪國陽都縣)

공명이라는 이름으로 유명한 삼국시대 촉나라의 유명한 재상(宰相). 소설 『삼국지연의』에서는 가장 인기있는 캐릭터이기도 하다. 후에 촉나라의 황제 유비(劉備)의 간절한 권유로 승상의 자리에 오른 그는 군사(軍師)로써 재능을 한껏 발휘해 오나라의 손권과 연합군을 결성해서 적벽전투에서 위나라의 조조군을 격파한다. 유비가 죽은 뒤에는 정치에서 중요한 직책을 맡아 위나라를 침공(북벌)한다. 일진일퇴의 공방을 펼치지만 병을 얻어 쓰러져 진중에서 원통한 죽음을 맞이하게 된다.

여러 가지 병법서 오자(吳子)

- 저자(著者) : 오기(吳起) 혹은 그의 제자 「후세에 위작설(僞作說) 있음」
- 성립(成立) : 중국(中國) 춘추전국시대 ?
- 구성(構成) : 48편(현존하는 것은 6편)
- 「무경칠서(武經七書)」 중 하나

「손자」에 필적하는 병법서

병가의 대표자라고 하면 손무와 오기로, 대표적인 병법서라고 하면 손자와 오자 – 라고 할 정도로 유명한 것이 「오자」이다. 실제로 춘추전국시대의 서적인 「한비자韓非子」에서는 「집안 곳곳에 「손자」와 「오자」를 소지하고 있었다」고 할 정도였다.

내용은 오기를 주인공으로 한 이야기이다. 한 나라의 장군이었던 그는 누명을 쓰고 파면당한 후 당시 신흥국이었던 위나라로 넘어가 위의 군주인 문후라는 인물의 신뢰를 얻는다. 그 때부터 「오자」의 이야기가 시작되는 것이다.

여섯편의 내용

현존하는 오자는 여섯편. 내용으로는 각각 정치와 전쟁에 관해 이야기 한 「도국(圖國)」, 적의 정세를 분석하는 「요적(料敵)」, 통솔의 원칙을 서술한 「치병(治兵)」, 지도자로써 가져야 할 태도를 엄격하게 정의한 「논장(論將)」, 법가(法家)적인 시스템으로 임기응변의 대응을 설명한 「응변(應變)」, 병사들을 격려하는 방법을 쓴 「여사(勵士)」로 6편. 또한, 문후와 오기의 만남을 쓴 「서장」도 현존하고 있다.

전체적으로는 손자보다도 간략하고 소수 정예주의와 병사들의 사기를 중시했으며, 당시의 군사적 상황을 반영하고 있어 현대로 오면 보편성이 부족한 면이 있다.

여러 가지 병법서 울료자(尉繚子)

- 저자(著者) : 울료(尉繚) 그가 말한 것을 모아 기록한 형태를 띤다. 저자는 불명
- 성립(成立) : 중국(中國), 진(秦)나라 시대?
- 구성(構成) : 31편(현존하는 것은 24편)
- 「무경칠서(武經七書)」 중 하나

인간본위 병법서

울료가 남긴 말이라고 전해지는 울료서는 「전쟁이라는 것은 악 행위이자, 자국의 이익을 위해 전쟁을 하는 것은 용시할 수 없다」고 한다.

다만, 한편으로는 「정의가 명확하다면 선제공격도 허락된다」고 한 것으로써 전쟁을 아예 부정하고 있지 않다는 것을 알 수 있다.

특징은 정치와 병법을 결부시킨 점과 보통의 국민들은 기꺼이 목숨을 버릴 수 있는 사람은 없다. 하지만, 정치가 그들의 생활을 안정되게 하는 것을 지향하고 「그것을 위해 전쟁이 필요하다」고 의식한다면 백성들은 용기를 얻어 싸운다고 말하고 있다.

孫子兵法 위서설과 집대성설

이 병법서에는 예로부터 「위서」라는 뿌리깊은 주장이 있다. 그 이유로는 원래 「울료」라는 인물의 존재가 확실하지 않은데다가 이 보다 앞서 나온 서적인 「손자」, 「오자」, 게다가 「맹자」, 「한비자」 등의 영향이나 인용을 구석구석에서 발견할 수 있기 때문이다. 이에 대해 위서설을 부정하는 쪽에서는 사상이 일관된 것으로 보아 위서로 생각하긴 어려우며, 「울료자」가 그 이전에 여러 가지 서적을 집대성 한 것이며, 또한 인용의 부분은 후세에 추가로 기록되었다고도 주장하고 있다.

 # 장기전은 피해라

전쟁이라는 것은 돈을 잡아먹는 괴물과 같다

어느 시대건 전쟁을 하기 위해서는 돈이 든다. 병사를 모으는 데에도, 그들의 몸에 지닐 무기나 방어용 도구, 병기를 준비하는 데에도 적지 않은 자금이 들어가는 것은 당연한 일이지만 문제는 이런 군비를 위해 쓰는 비용만 있는 것이 아니다.

원정 나가있는 병사가 소비하는 식량을 배달하기 위한 비용, 전쟁하느라 일손이 줄어든 탓에 증대하는 정부의 운영비나 민중들의 생활비, 전쟁을 시작하거나 끝낼 때 외교공작비 등 생각하지 못한 부분에서도 비용을 지출하게 된다. 전쟁이라는 것은 자국의 경제에도 큰 타격을 입힌다.

졸속(拙速)과 교지(巧遲)

이 때문에 전쟁이 계속되면 계속 될수록 국고는 텅텅 비게 되고, 나라의 상황이 악화된다. 그렇게

 **장기전을 피해라**

전쟁이라는 것은 많은 비용을 요구하는 행동이기 때문에 전쟁으로 인한 이익과 손해 모두를 확실하게 이해해야 한다.

「전쟁에는 막대한 비용이 필요하다」

【 구체적으로 무엇이 필요한가? 】

원정 나간 대군단 大軍團
- 병사
- 무기나 갑옷, 투구
- 여러 가지 병기

 필요(必要)

제경비 諸經費
- 원정 장소에 보내는 식량
- 민중이나 정부의 생활
- 외교나 공작 활동
- 장비 조달이나 유지

되면 당연히 병사들의 장비나 보급은 빈약해지고 사기도 떨어지게 된다.

그래서 상황이 불리해진다면 그나마 다행이다. 더 나쁜 상황은 자국의 기세가 약해진 것을 안 주변 국가들은 움직이기 시작하는 것이다. 이렇게 되면 이미 승산은 없어진다. 이것이 「손자」가 말하는 전쟁이 초래하는 피해 중 하나이다.

이것을 나타내고 있는 표현이 「졸속이 통했다는 것은 들어봤어도, 교지가 통한 것은 본 적이 없다」 – 빠른 시간 내에 결판을 내서 성공한 사례는 들어봤지만, 시간을 질질 끌어 성공한 사례는 본 적이 없다는 뜻이다.

미니지식

병은 졸속을 존중한다?

손자의 말 중에서 일반적으로 알려진 것 중에 「병은 졸속을 존중한다」는 말이 있다. 하지만, 실제로 손자에 있는 말은 위에서 설명한대로 「졸속이 통했다는 것은 들어봤어도, 교지가 통한 것은 본 적이 없다」로 「병은 졸속을 존중한다」는 말은 여기서 탄생했다고 생각된다. 비교해 보면 알겠지만, 이 두 문장은 조금 뉘앙스가 다르다. 「손자」가 말하는 것은 「졸속이 좋다」라는 단순한 뜻을 말하는 것이 아니라 「교지보다는 낫다」라는 뜻이기 때문이다.

장기전이 되면 필요한 비용은 늘어간다

무기도 장비도 소모되어 빈약해지고 병사들의 사기도 꺾여간다.

국가 상황이 악화되고, 주변 국가들은 이 기회를 타서 움직이기 시작한다. **(이미 때가 늦음)**

손자가 말하길, 「불완전 하지만 빨리 전쟁을 끝내는 것으로 목적을 달성했다는 이야기는 들어봤어도, 완전한 승리를 위해 장기전으로 싸워서 승리했다는 이야기는 들은 적이 없다」

【 결론 】

무력행사로 인한 피해를 알지 못하는 어리석은 군주는 그로 인해 얻을 수 있는 이익도 알지 못한다.

→ **전쟁의 좋은 점도 나쁜 점도 전부 파악하라는 뜻**

지혜로운 장수는 적의 것도 유용한다

작전편(作戰篇) 2 - 4

전쟁은 국가경제에 심각한 영향을 미친다

손자가 말하는 우수한 지휘관은 무턱대고 병사를 모으지 않으며, 필요한 물자를 보급하는 것도 출발할 때와 귀환할 때뿐으로 원정지까지 물자를 공급하지 않도록 하는 것이다.

　보급에 신경을 쓴 것은 손자가 전쟁이 경제에 끼치는 피해를 매우 중요시 한 것과 관계가 있다. 멀리까지 병사들을 내보내, 물자를 공급하려고 하면 민중들이 가난해진다. 가까운 곳에서 싸울 때는 전쟁의 영향으로 물가가 급등하고, 그에 따라서 나라 자체가 피폐해진다.

지혜로운 장수의 물자 입수법

그럼, 본국으로부터 물자를 조달받지 않는 장군은 어떻게 적지에서 물자를 손에 넣었을까? 그 답은 바로「지혜로운 장수는 적의 것도 유용할 줄 안다」— 즉, 적의 식량을 빼앗는다는 말이다. 그렇게 하면 운송의 번거로움도 피할 수 있고 상대의 보급도 압박할 수 있기 때문에 그렇게 해서 손에

 지혜로운 장수는 적의 것도 유용할 줄 안다.

현명한 장군은 전쟁으로 인한 낭비가 나라에 얼마나 위험한 것인지 알고 있기 때문에 적의 것 조차 유용하게 사용한다.

병법을 이해하고 있는 사람은 병사를 모으는 것은 한 번으로, 보급도 출발할 때와 귀환할 때 단 두 차례만 지급한다.

전쟁이 경제에 입히는 피해

먼 곳으로 병사를 보낸다.
↓
물가가 급등한다.
↓
나라도 국민도 힘이 없어진다.

→ **잃는 것**
국민의 재산 70%,
나라의 자금 60%

넣은 식량은 상대적으로 몇 배의 가치가 있을 것이다.

　현명한 장수는 잡혀 온 포로를 일부러 풍족하게 대접하여 아군으로 끌어들이려 하지만 어리석은 자는 적을 죽여야 한다고 생각한다. 여기에서 전쟁을 바르게 이해한 장수는 나라와 백성을 지킬 수 있다는 것을 알 수 있다.

에피소드

보급을 경시해서 생긴 비극

이와 같이 「손자」가 보급의 필요성을 강하게 주장했지만, 이것을 경시한 군대는 역사상, 셀 수 없이 많다. 대표적인 예중 하나가, 제2차 세계대전 - 태평양전쟁에서 솔로몬 제도의 작은 섬 과다카날 섬을 둘러싼 일본과 미국의 전쟁이다. 이 때, 일본군의 남태평양의 거점인 라바울에서 과달카날까지는 1,000Km가 넘는 거리였으나, 과달카날 현지나 가까운 거리에다 보급기지를 세우지 않아 결과적으로 일본군은 대부분 굶주리게 되어 패배했다.

*유용이란 남의 것을 다른 곳에 쓰는 것을 말한다.

【 손자가 말하길, 「지혜로운 장수는 적의 것도 유용할 줄 안다」 】

적지에서 획득한 식량에는 본국에서 가져온 것의 몇 십배의 가치가 있다.

사려깊은 장수	어리석은 장수
 포로를 융숭히 대접하고, 상대의 무기나 물자를 취득해서 사용한다	 적의 병사를 죽이고 파괴하는 것만을 목적으로 한다.

이같은 전쟁의 본질을 이해한 현명한 장군의 군대의 기세는 꺾이지 않으며, 승리할 수 있을 정도로 강해진다.

➡ **우수한 장군은 국민의 운명과 국가의 안전을 지키는 자이다.**

백전백승(百戰百勝)이 반드시 좋은 것만은 아니다

모공편 (謀攻篇) 1

전쟁의 최선

전쟁에서 「최선」은 무엇일까? 적의 부대를 무찌르고, 적의 군단을 멸망시켜, 적을 흔적도 없이 멸망시키는 것 – 그것이 최선일까? 유감스럽게도 대답은 'No'이다. 「손자」는 반복해서 말한다. 적을 멸망시키는 것보다 항복시키는 것이 좋다. 적의 군단이나 부대를 파멸시키는 것보다 아군으로 끌어들이는 것이 좋다고.

그것이 「전투」라면 당연히 적을 쓰러뜨리는 것일 것이다. 하지만, 「전쟁」이라는 것은 전투를 포함해 모든 수단에 따라 목적을 달성하는 것이다. 싸우지 않고 끝내고, 적에게 피해를 입히지 않고 물자와 영토를 손에 넣을 수 있는 것이야 말로 최선이다.

 백전백승이 반드시 좋은 것은 아니다

「손자」는 반복해서, 「전쟁에서 적을 무찌르는 것이 최선은 아니다」라고 설명한다. 전쟁은 어디까지나 하나의 수단일 뿐이라고……

【 군사의 최선 】

적이나 그 군대와 전쟁을 하지 않고, 피해를 입히지 않고 자신의 손에 넣는다.

싸우지 않고 항복시키는 것이 적도 아군도 잃지 않는 「최선」의 전술

병법은 나라의 태도로 이어진다.

「손자」는 말한다. 「백전백승은 최선의 방법이 아니다」라고. 백 번 싸워서 전부 승리하는 것은 확실히 어렵지만, 그 백 번의 전쟁 중에는 무익한 전쟁, 즉 싸우지 않고 끝낼 수 있었던 전쟁이 있지 않았는지 묻고 있는 것이다. 그러나 이 말에서 「싸우지 않고 적을 굴복시키는 것이 최선이다」라는 말에 이어, 싸우지 않고 이기는 것을 강조하고 있다.

이 대목이 제시하는 것은 군대의 움직임도 포함되지만, 그보다 앞서 나라가 취해야 할 바른 태도도 포함된다. 군대를 지휘하는 사람은 폭 넓은 식견을 가지고 있어야 한다는 것이다.

2장 지혜로운 자는 상대마저 유용한다

【 군사의 차선책 】

군대를 일으켜 적과 전쟁을 벌여, 승리하여 적을 멸망시켜 버린다.

백전백승을 한다고 해도 **전쟁을 한 시점에서 보면 이미 「최선」** 이 아니다.

【 이 대목의 의미 】

손자병법은 말 그대로 「병사를 부리는 방법」을 나타낸 것뿐만 아니라, 「나라의 바른 길」을 인도하고 있다.

➡ **군인은 폭넓은 식견을 가지고 나라 전체를 생각해야 한다.**

 「손자」로 보는 전투 – 나폴레옹의 알프스 등정

알프스로 시선을 돌리다.

프랑스 혁명 폭풍이 지나간 뒤 프랑스를 정리하고, 후에 황제가 되어 전 유럽을 석권한 것이 나폴레옹 보나파르트Napoléon Bonaparte이다. 하지만 그 화려한 명성과 정 반대로, 그는 생애에는 몇 번이나 위기를 겪었다. 1799년, 이미 영웅이 된 나폴레옹은 제1집정으로 국내 권력을 손에 쥐지만, 주변의 제국들이 유럽제국들과 동맹을 맺어 대항하여 그를 곤경에 처하게 했다. 특히 큰 위협으로 부각된 북이탈리아로 진출한 오스트리아 군을 타도하기 위해 그는 한가지 기책을 실행한다. 그것이 「알프스 등정」이다.

허를 찔러, 속도를 살리다

1800년 봄, 나폴레옹은 오스트리아 본토 쪽으로 향하고 있던 대군을 북이탈리아로 향하게 한다. 그 진로는 아직 눈 덮인 알프스 생 베르나르Saint Bernard 고개 – 이곳을 고작 5일만에 넘은 프랑스 군은 이를 전혀 대응하지 못한 메라스Michael von Melas 사령관이 이끄는 오스트리아 군을 쓰러뜨린다. 여기서 나폴레옹의 전설이 시작된다.

이 전투에서 나폴레옹은 「적의 허를 찌른다」, 「적이 지키지 않는 곳을 공격한다」, 그리고 「속도를 무기로 삼는다」는 「손자」의 가르침에 따라 전쟁에서 승리를 얻는다.

보충
댈러스Dallas 호수 전쟁

나폴레옹에 얽힌 「손자」 같은 이야기로, 또 하나의 댈러스 호수 전쟁이 있다.
오스트리아 군과 싸우고 있었을 때 이야기. 나폴레옹의 3만명의 군사가 요새를 공격하고 있을 때, 5만명의 오스트리아의 지원군이 접근하고 있다는 정보가 들어왔다. 나폴레옹이 참패할 것처럼 보였지만, 적의 지원군이 3갈래로 나눠져 있는 것이 오히려 승리의 기회가 된다. 놀라운 속도로 군대를 움직인 나폴레옹은 「우리편은 집중시키고, 적은 분열시켜라」라고 말한 「손자」의 사상대로 분산된 적을 집중적으로 각개격파 하였다.

1. 눈 덮인 산을 넘다.

이 무렵, 나폴레옹은 제1집정이 되어 정권을 손에 넣지만, 오스트리아, 영국, 오스만 제국의 유럽제국이 적이 되어 상황이 만만치 않았다. 그 중에서도, 오스트리아 군대는 북이탈리아를 거점으로, 프랑스 남동부를 침범하기 위해 계속해서 위협을 가하고 있었다. 그래서 나폴레옹은 제네바에 집결시킨 대군을 원래 목표였던 오스트리아 쪽이 아닌, 알프스를 넘어 북이탈리아 쪽을 공략하기로 했다. 이것이 유명한 「나폴레옹의 알프스 등정」이다.

2. 메라스의 오산

오스트리아 사령관 메라스가 파악한 바에 의하면, 북이탈리아에 대항하는 프랑스 군의 수비는 약하고, 전력차는 4 : 1이었다. 메라스는, 나폴레옹이 알자스 지방의 오스트리아 군을 시작으로, 그곳에서부터 오스트리아 본국으로 진출해 수도인 빈을 노리는 것이 목표일 것이라고 예측하였다. 그의 예측대로 일이 진행됐다면, 역사는 크게 달라졌을지도 모르지만, 결과적으로 나폴레옹은 메라스의 예상을 깨고 오히려 상상을 초월하는 전술을 펼쳤다.

3. 약점을 공략하다

1800년 봄, 나폴레옹 군은 아직 눈이 덮인 알프스의 생 베르나르 고개를 단 5일이라는 놀라운 속도로 넘어 북이탈리아에 출현한다. 계속해서 밀라노를 점령하고, 이 무렵 프랑스의 국경방위군을 공격하고 있던 오스트리아 군을 공격할 태세를 갖춘다. 이후, 나폴레옹은 마렝고 전투에서 오스트리아 군을 무찌르고, 이탈리아에게 승리한다. 적의 약점을 정확하게 읽어내 그것을 공략하는 것이야 말로, 상대의 예상을 앞서는 것, 그리고 속도를 최대한 살리는 것…. 나폴레옹은 「손자」의 전술로 위기를 면했다고 할 수 있다.

「손자」를 활용한 주요 인물들
- 중국의 각 시대 -

중국(中國)
왕양명(王陽明)

- 생몰(生沒) 1472년 ~ 1528년
- 별명(別名) 수인(守仁「본명(本名)」), 백안(伯安「자(字)」)
- 출신(出身) 절강성 소흥부(浙江省紹興府)

중국 명나라 시대의 학자. 「양명」은 호이다. 우수한 관리였지만, 벽지로 좌천되어 힘겨운 생활을 한다. 유명한, 양명학은 바로 여기서 탄생한다. 후에 다시 자리로 복귀해 농민반란이나 도적들을 진압하는데 힘을 기울인다. 그는 그 때까지 연구했던 「손자」 등의 병법서의 지식을 활용해 패하는 법이 없었다고 한다.

중국(中國)
정성공(鄭成功)

- 생몰(生沒) 1624년 ~ 1662년
- 별명(別名) 삼(森)「아명(兒名)」, 명엄(明儼)「자(字)」, 복송(福松)「아명(兒名)」, 국성야(國姓爺)「속칭(俗稱)」
- 출신(出身) 평호(平戶)

명나라가 청나라에게 멸망했을 때, 명의 부흥을 일으킨 인물. 정성공은 군의 규율에서 「손자」를 정리한 것을 볼 수 있는데, 가축을 죽이는 것만으로도 사형이라고 할 정도였다. 남경 공략에 실패한 뒤, 대만을 점거했지만, 곧 몰락하여 소원을 이루지 못하였다. 그를 모델로 한 죠우루리(淨瑠璃)「국성야합전(國姓爺合戰)」이 유명하다.

중국(中國)
사마천(司馬遷)

- 생몰(生沒) 기원전 145년 ~ 기원전 86년 ?
- 별명(別名) 자장(子長) 「(자字)」
- 출신(出身) 하양현 용문(夏陽縣龍門)

사학의 아버지라고도 불리우는, 중국 전한(前漢) 시대의 역사가. 전쟁에서 적에 투항하던 친구를 감싼 죄로 거세형에 처하지만, 그 굴욕을 계기로 십수년의 세월을 들여 『사기(史記)』를 완성한다. 신화시대부터 전한에 이르기까지의 통사로, 그 구성은 후에 역사서에 큰 영향을 미쳤고, 한국과 일본에서도 오래전부터 읽혀왔다. 『사기』에는 합려(闔廬)가 손무를 장군으로 채용했을 때의 에피소드 등, 「손자」에 얽힌 이야기도 기록되어 있다.

중국(中國)
전단(田單)

- 생몰(生沒) ?년 ~ ?년
- 별명(別名) 불명(不明)
- 출신(出身) 불명(不明)

중국 삼국시대에 활약한 제나라의 무장. 사마천의 『사기』에 「전단열전(田單列傳)」이 단독으로 실려 있을 정도로 유명한 군략가. 그가 일반인이었을 때, 제나라는 연나라에게 멸망당하기 직전이었는데, 기회를 얻어 장군이 되었다. 전단은 「손자」에서도 중요하게 다루는 첩자를 다루는 데에 능해, 연나라의 유명한 무장인 악의(樂毅)와 연나라 왕과의 사이를 이간질하기 위해 「악의가 제나라를 공격하지 않는 것은 자신이 왕이 되기 위해서다」라는 소문을 퍼트려, 의도대로 악의가 해임되게 했다고 한다.

# 적의 전략을 간파하는 것이 최고

모공편(謀攻篇) 2

상책(上策)과 하책(下策)

손자는 전쟁에서 책략의 순위를 정해 놓았다. 가장 좋은 방법은 적의 정치적, 책략적인 의도를 간파하고, 싸우지 않고 그 의도를 꺾는 것. 이것보다는 약하지만, 적의 동맹관계를 외교교섭 등으로 이간질하여, 고립된 상태가 되게 기다리는 방법도 나쁘지 않다.

그 다음에야 전쟁으로 적을 무찌르는 것이 나오는데, 가장 좋지 않은 방법으로 취급하는 것이 성을 공격하는 것이다.

성을 공격하는 것이 최악으로 취급하는 것은, 많은 준비가 필요하고 소모도 심하기 때문이다.

 적의 전략을 간파하는 것이 최고

「손자」는 선택해야 하는 전술에 순위를 정한 뒤, 전쟁의 비법은 「적도 아군도 피해 입지 않고 이기는 것」이라고 한다.

「손자」가 말하는 「최선의 전술」이라는 것은 무엇인가?

064

그렇기 때문에 어지간한 사정이 있지 않는 이상은 성을 힘으로 밀어붙이는 공격은 하지 않는 것이 좋다.

천하의 모든 것을 손에 넣기 위하여

전쟁에서 적을 무찌르는 것이 「하책」으로 취급되고 적을 외교교섭이나 모략으로 항복시키는 것을 「상책」이라고 한 것에서 알 수 있듯이, 「손자」가 이상으로 생각했던 것은 어디까지나 「싸우지 않고 이기는 것」이다. 싸우면 아군은 물론이고, 적에게도 손해를 입힌다. 그것은 즉, 전쟁에서 승리한 뒤에 자국이 손에 넣을 수 있는 것에도 손해를 끼친다는 말이다.

이것을 잘 표현하고 있는 것이 전쟁의 목적은 어디까지나 국가의 이익을 위해서이고, 군인은 천하의 모든 것을 손에 넣기 위해 최선을 다해야 한다는 「손자」의 주장이다.

【 상책과 하책 】

상책
1. 적의 정치나 모략적 의도를 간파한다
2. 적의 동맹관계를 깨고, 고립시킨다.
3. 적의 군대를 전쟁에서 무찌른다

하책
4. 적이 있는 성을 함락시킨다

> 성은 사정이 있지 않는 이상 공격하지 않는 것이 좋다.
> 많은 준비가 필요하고, 준비를 제대로 하지 못하면 희생이 커진다.

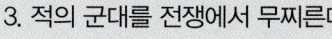

전쟁의 비법은, 「전쟁을 하지 않는 것」이다.

싸우지 않고 적을 항복시키고, 성을 공격하지 않고 손에 넣는다

**전쟁의 목적은 적과 아군을 모두 잃지 않고,
「천하의 모든 것을 손에 넣는 것」이어야 한다.**

상대와 우리 편의 숫자에 따라 전술을 바꾼다

모공편(謀攻篇) 3

10배라면 포위…

손해를 막는 것도 『손자병법』중 하나이기 때문에 당연히 적과 아군의 수에 따라 전투방식이 달라진다. 여기에서는 각 상황별 지침을 소개하겠다.

손자에 의하면, 아군 10명에 대해 적이 1명이 있다면 주위를 포위하고, 아군 5명에 대해 적이 1명이 있다면 공격하고, 아군 2명에 대해 적이 1명 있다면 적을 협공하고혹은 분단分斷, 아군과 적군의 수가 같으면 소규모 전투로 끝내도록 한다. 한편, 아군의 수가 더 적은 경우 도망갈 준비를 시작하고, 상황에 따라 열세에 놓인다면 무리하지 말고 서둘러 도망가라고 말한다.

모공편에서 설명한 이유

여기에서 소개하고 있는 것은 언뜻 보기에는 실전적인 파트에 들어가 있는 것이 어울릴 것 같은

 상대와 우리 편의 숫자에 따라 전술을 바꾼다.

당연히, 전력의 차이에 의해 취해야 할 전법은 변한다. 다만, 어디까지나 하나의 지침일 뿐이라는 것에 주의할 것

【 병사의 수로 본 전투방식의 지침 】

손자는 반드시「수가 절대적이다.」라고 말하지는 않았다

➡ 「소수 vs 다수의 전투방식」도 설명한다.

내용들이다. 그 때문에 이 책략은 순서가 잘못되었다는 이야기까지 한다. 하지만, 내용에 대해서 잘 생각해 보면「왜 책략에 대해서 이야기 하는 모공편에 들어가 있는지」를 알 수 있다.

즉, 소수의 군대로 다수의 군과 부딪히는 경우에는 도망갈 수 밖에 없기 때문에 그 전 단계나 실제로 부딪힐 경우 등 모략, 책략을 이용해 병력의 차이를 역전시킬 수 있도록 머리를 써야 한다는 것을 이야기 하고 있다.

보충

「작은 세력의 견실함은 대세의 포로가 될 뿐」

제목은, 위에서 기술한「아군이 열세에 놓여 있을 경우엔 도망가야 한다」고 하는 문장을 설명하기 위해 덧붙인 것으로, 의미는「소수의 군대가 아무리 기세 등등해서 덤벼들어도, 대군에게 이길 수 없는 법이다 그러니까 도망가야 한다」는 말이 된다.

즉 전쟁에서는 병사의 수가 큰 요소가 된다는 것을 표현한 말로, 비슷한 말로는「중과부적(衆寡不敵)」위지(魏志)나「대세(大勢)에 무세(無勢)」평가물어(平家物語) 등이 널리 알려져 있다.

※ 백제의 계백장군은 압도적 나당연합군을 맞이하여 절대적 중과부적의 병사의 수로 대항하였지만 끝내지고 말았다. 그는 멸망하는 나라의 마지막 장수로서 도망갈 수도 없는 위치에서 싸움에 질 수밖에 없는 처지의 비운의 장수였다.

1. 아군 10 vs 적군 1

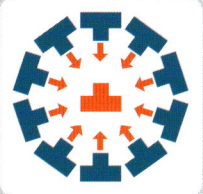

에워싸서 싸울 것

2. 아군 5 vs 적군 1

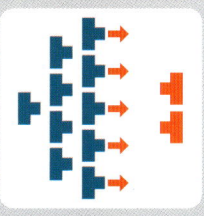

총력을 다해 공격할 것

3. 아군 2 vs 적군 1

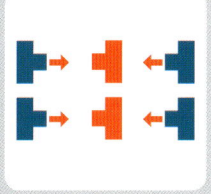

상대를 협공(挾攻) 할 것

자군(自軍) 적군(敵軍)

4. 아군 1 vs 적군 1

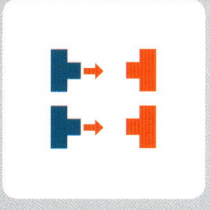

소규모 전투로 끝낼 것

5. 아군이 적고 vs 적군이 많음

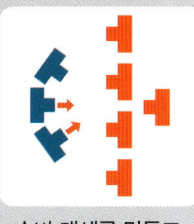

수비 태세를 만들고,
도망갈 준비를 할 것

6. 아군 완전 열세

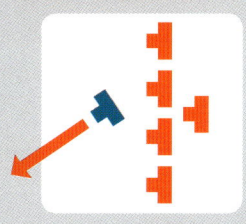

무리하지 말고 도망갈 것

군주는 군의 모든 것을 파악하고 있어야 한다.

모공편(謀攻篇) 4

군대가 힘을 소비하지 않기 위해서

우수한 장군은 중요한 존재이면서, 그가 만전을 기해 행동하고 있는지 아닌지는 나라에 있어 큰 중대사이다. 그렇기 때문에 한 나라를 다스리는 군주는 장군과 그 부하들의 사기를 꺾는 일은 절대 없어야 한다. 그러기 위해서는 군대의 존재의 의미를 정확하게 이해해야 할 필요가 있다. 그럼, 「손자」는 어떤 것을 「군주가 해서는 안되는 것」으로 정의하고 있을까?

「아군을 스스로 혼란스럽게 해서 적이 승리하도록 이끌어 준다」

우선 첫 번째는, 군대가 언제 어떤 상황에 처할지도 모른 채 군대를 이끌어 나가거나 물러나게 하

孫子兵法 군주는 군의 모든 것을 파악하고 있어야 한다.

올바른 군주는, 장군과 군대의 존재의의에 대해서 정확하게 이해하고, 그들의 힘을 소모하는 3가지 행동을 해서는 안된다.

장군은 나라에 있어서 중요한 존재이고, 그의 수호가 만전을 기하고 있는지 아닌지가 나라의 힘에 큰 영향을 미친다.

군주가 해서는 안되는 3가지

1. 군대가 처한 상황을 이해하지 못한 채, 전진이나 후퇴를 명령하는 것.
   결과 ➡ 군대를 최악의 상황으로 몰아넣게 되버린다.

는 것. 이것은 상황을 악화시키는 것에 지나지 않는다.

두 번째는, 군대 내부상황도 모르고 제도나 역할 등에 콩놔라, 배놔라하며 참견하는 것. 이렇게 하면 장군들은 무엇이 올바른 것인지 판단할 수 없게 되어 쩔쩔 매게 된다.

세 번째는, 군대라는 것이 어떤 구조를 가지고 움직이는지 이해하지 못한 채 명령을 내리는 것. 이렇게 되면 군주를 불신하는 마음이 커진다.

결과적으로 군대의 힘이 약해지고, 나아가 주변 나라들에게 「저 나라는 지금 약해져 가고 있으니 공격하자」고 생각할 빌미를 마련하게 된다. 이런 상황을 「손자」는 「아군을 혼란스럽게 해서 적이 승리하도록 이끌어 준다」는 말로 훈계하고 있다.

에피소드

임진왜란 때 선조는 바다에서 연전연승하는 이순신의 함대를 과소평가하여 군대를 육지로 돌리려 한 적이 있었다. 이런 위험천만한 생각은 선조의 개인적 생각과 더불어 궁내의 모사꾼들에 의해 자행되었다. 결국, 정탁의 변로로 없던 것이 되었지만, 만약에 해군을 육지로 돌렸다면 조선의 운명은 그때 어떻게 되었을까?

2. 군대의 내부 사정을 이해하지 못한 채, 그 시스템에 참견하는 것
결과 ➡ 장군들은 혼란스러워 하고, 지휘계통이 어지럽혀 진다.

3. 군대의 구조도 이해하지 못한 채, 군대에 명령을 내리는 것
결과 ➡ 장군들은 자신감을 잃고, 군주를 의심하게 된다

군대 내부가 혼란스러운 상황에 놓이면, 그것을 안 주변 국가들이 움직이기 시작해 자국이 위험하도록 몰고가는 꼴이 되어버릴 것이다. (예 : 제2차 세계대전에서 독일의 히틀러는 러시아로 깊숙이 밀고 들어간 자국군의 진격과 후퇴를 먼 후방에서 자기 고집대로 함으로써 전투현장의 군의 작전은 혼선을 빚고 결국에는 파울스 장군의 60만 병력이 괴멸되는 사태를 맞았다.)

「아군을 혼란스럽게 해서 적이 승리하도록 이끌어 준다」
(아군의 혼란은 적의 승리의 원인)

 적을 알고 나를 알면
모공편(謀攻篇) 5

승리를 알기 위한 다섯가지 요건

「손자」는 곳곳에서 여러 가지 상황에 대응하기 위한 판단기준을 제시하고 있는데, 그 중 하나가 「승리를 하기 위한 다섯가지 요건」이다.

　하나, 싸워야 할 때와 싸우지 않아야 할 때의 차이를 아는 자가 이긴다. 둘, 대군을 부리는 법과 소군을 부리는 각각의 법을 파악하고 있는 자가 이긴다. 셋, 장군의 마음과 병사의 마음을 하나로 할 수 있는 자가 이긴다. 넷, 군대가 만전을 기하는 상태로 상대는 방심하고 있는 상황에서 싸울 수 있도록 준비하는 자가 이긴다. 다섯, 실전 부대에 유능한 장군을 배치하고 군주는 그를 방해하지 않고 모든 권리를 이양하는 쪽이 이긴다.

 적을 알고 나를 알면

승리를 얻기 위한 요점을 정리하면, 적과 아군의 상황을 파악한다면 절대 지지 않는다는 결론을 얻을 수 있다.

【 승리를 얻기 위한 다섯가지 요점 】

1. 싸워야 할 때와 싸우지 말아야 할 때를 구분할 것
2. 대군과 소군, 이것을 부리는 각각의 법을 이해할 것
3. 장병의 마음을 하나의 목적을 향하도록 할 것

적을 알고, 나를 안다

그 뒤에 「손자」가 서술한 것이 유명한 「적을 알고 나를 알면 백번 싸워도 위태롭지 않다」는 말이다. 아군과 적, 양쪽을 알고 있으면 앞에서 서술한 대로 다섯가지 항목을 충족하게 되고, 결과적으로 백번 싸워도 위험에 빠지지 않고 백번 승리할 수 있다는 말이다.

하지만, 그렇지 않으면 결과는 위험해 질 수도 있다. 아군은 완벽하게 이해해도 적을 알지 못한다면 승률은 반으로 줄어들고, 아군도 적군도 양쪽 다 모른 채 닥치는대로 싸운다면 싸울 때마다 위험에 빠지게 된다고 할 수 있다.

보충

「마음」을 하나로?

이길 수 있는가 없는가의 판단 기준 중 하나, 「주군과 백성의 마음이 하나인가?」. 이것은 일반적으로는 문자 그대로 마음을 하나로 하는 것으로 이해하기 쉬운데, 실제로 한 나라 정도의 거대한 조직이 위에서부터 아래까지 마음이 하나가 된다는 것은 결코 쉽지 않은 일이다.

그럼, 이것을 말하는 것은 실제 불가능한 것이냐고 묻는다면, 그렇지는 않다. 여기에서 「손자」가 말하는 것은 목표 - 혹은 「욕망」을 국민에게 제시하고, 그것으로 나라를 하나로 묶으라는 말이다.

---

4. 만반의 준비를 갖추어 놓은 후에 상대가 방심한 틈을 기다릴 것
5. 유능한 장군을 채용하고, 군주가 불필요한 간섭을 하지 않을 것

여기서 알 수 있는 승자와 패자

「적과 아군 쌍방의 상황을 파악하고 있다」 ➡ 백번 싸워도 위험에 처하지 않는다

「아군에 대해서는 파악하고 있다. 어떤 적에게도 지지 않는다」 ➡ 승리와 패배의 확률은 50대50

「적에 대해서도 아군에 대해서도 잘 알지 못하지만 괜찮다」 ➡ 매번 전투에서 위험에 빠진다

「손자」를 활용한 주요 인물들
- 전국무장(全國武將) 1 -

일본(日本)
토쿠가와 이에야스(德川家康)

- 생몰(生沒): 1542년 ~ 1616년
- 별명(別名): 타케치요(竹千代)「아명(兒名)」, 마쯔다이라 모토야스(松平元康)「아명(兒名)」, 마쯔다이라 지로사부로모토노부(松平次郎三郎元信)「옛 이름」, 나이후(內府)「직책」
- 출신(出身): 미카와쿠니(三河國)

현재 토카이도(東海道)에 위치한 미카와(三河)아이치현(愛知縣)의 전국(戰國) 다이묘(大名). 인질로 이마가와(今川) 가문에서 유소년 시기를 보내고 이마가와(今川)가 몰락하자 오다 노부나가와 손을 잡고 세력을 확장한다. 노부나가가 죽은 뒤에는 도요토미 히데요시의 부하가 되지만, 히데요시가 죽고 천하통일의 기회를 얻는다. 그리고 세키가하라 전투에서 승리하고 에도막부(江戶幕府) 시대를 열어 전국시대의 종지부를 찍는다.

일본(日本)
모리모토 나리(毛利元就)

- 생몰(生沒): 1497년 ~ 1571년
- 별명(別名): 쇼우쥬마루(松壽丸)「아명(兒名)」, 쇼우노지로(少輔次郎)「아명(兒名)」, 오오에노 모토나리(大江元就)「본래 성(本姓)」
- 출신(出身): 아키노쿠니(安芸國)

아키(安芸) 히로시마현(廣島縣)의 전국(戰國) 다이묘(大名). 「손자」가 소중히 여긴 모략을 숙달하고, 스오우(周防) 야마구치현(山口縣)의 스에(陶)와 대결한 1555년 이쯔쿠시마(嚴島) 전투에서는 병사의 수에서 열세에 있었음에도 불구하고 적에게 내부 분열을 일으키게 해 승리를 얻는다. 같은 방법으로 이즈모(出雲) 시마네현(島根縣)의 아마고(尼子)도 무찌르고, 중국 지방을 제패한다.

일본(日本) 오다 노부나가(織田信長)

- 생몰(生沒): 1534년 ~ 1582년
- 별명(別名): 킷보우시(法師)「아명(兒名)」, 사부로(三郎)「통칭(通稱)」, 단죠유츄우(彈正忠)「직책」
- 출신(出身): 오와리노쿠니(尾張國)

오와리(尾張) 아이치현(愛知縣) 출신의 전국(戰國) 다이묘(大名). 청소년 시기에는 바보라고 불렸지만, 아버지가 죽은 뒤 무장으로서의 지위를 착실히 굳혀, 오케하자마(桶狹間) 전투에서는 전력 차이를 뒤엎고 이마가와 요시모토(今川義元)를 무찌른다. 그 후에는 무로마치(室町) 막부를 몰락시키고, 여러 다이묘들을 물리쳐 대항할 자가 없었으며, 천하통일을 눈 앞에 두었지만, 아케치 미츠히데(明智光秀)의 배반으로 혼노우지(本能寺)에서 자살한다. 「마왕」이라고도 불릴 정도로 두려움의 대상이었지만, 일찍이 화승총(火繩銃)을 사용하는 등 새로운 수법을 받아들이는데 적극적인 면도 있었다.

일본(日本) 도요토미 히데요시(豊臣秀吉)

- 생몰(生沒): 1537년 ~ 1598년
- 별명(別名): 히요시마루(日吉丸)「아명(兒名)」, 키노시타 토우키치로(木下藤吉郎), 하시바 히데요시(羽柴秀吉), 타이라 히데요시(平秀吉), 후지하라 히데요시(藤原秀吉)「옛 이름」, 타이코우(太閤)「직책」
- 출신(出身): 오와리노쿠니(尾張國)

농민출신이면서 전국 통일을 달성한 무장. 오다 노부나가의 집사(家來)가 되어 두각을 나타낸 뒤, 주군을 배반한 아케치 미츠히데(明智光秀)를 무찌른 뒤 대적할 자가 없어. 1590년 오다와라(小田原)의 직책의 호우죠우(北條)를 몰락시키고 천하를 통일한다. 그 뒤에도 조선침략을 획책하여 병사를 보내는 등 계속해서 야심을 보였으나 조선 침략전쟁에 패하고 병으로 죽는다. 체력을 쓰는 것보다 머리가 좋았고, 포위전술에 능했다. 합리성을 중시하는 「손자」의 영향을 받았다고 할 수 있다.

미니지식

손빈병법(孫臏兵法)

또 하나의 손자라고 할 수 있는 인물, 손빈도 또 다른 병법서 -「손빈병법을 남겼다는 사실은 이미 앞에서 서술했지만, 그 내용은 어떤 것일까? 이 칼럼에서는『손빈병법』의 내용이나『손자병법』와 차이점에 대해서 간단하게 설명하도록 하겠다.

구성

흔히 말하는『죽간본(竹簡本)』으로 발견된 것은 죽간 40장, 전체 30편으로 그 중 21편에 제목이 써있다.
한편,『한서예문지(漢書藝文志), 병권모가류(兵權謀家類)』에는『제손자병법(齊孫子兵法)』제나라에 속한 손자의 병법이라는 의미. 손무의 병법은『오손자병법(吳孫子兵法)』이다 89권, 지도 4권이 있다.

「손자」를 계승한 부분

역시 손자의 자손이 썼기 때문에,「손자」와『손빈병법』에는 조금이지만 공통된 부분이 있다. 근본적인 사상은 거의 비슷하다고 해도 좋을 정도이다.
예를 들어, 집단의 기세 - 사기를 중시하는 것이나, 기책(奇策)과 정공법(正攻法)을 짜 맞춰 기정(奇正) 전술을 사용한 것, 시시각각 변하는 상황에 대응하기 위해 정보를 모으는 것을 강조한 것 등이 그것이다.

「손자」와의 차이점

한편, 시대의 변화에 대응하기 위해,『손빈병법』에는「손자」에서 볼 수 없는 여러 가지가 기술되어 있다.
첫 번째는, 춘추시대 대표적인 병기였던 전차 대신, 전국시대에 나타난 병사 - 말을 탄 기병에 관한 것이 기록되어 있다.
두 번째는,「성을 공격하는 것은 하책(下策)」이라고 한「손자」에 비해,『손빈병법』에는 구체적인 성의 공격 방법 - 공격하기 쉬운 성과 공격하기 어려운 성을 구분하는 법 등 - 이 기록되어 있다.
그 이유로는, 중국의 중원이라고 하는 인구가 많고 발전된, 성채가 있는 지역에 위치한 제나라를 섬기던 손빈에게 있어서는, 성을 공격하는 것은 피할 수 없는 선택이었거나, 이 무렵 전쟁의 목적이 다른 나라의 성이나 마을을 빼앗는 것으로 바뀌었을 수도 있다는 점이 지적되고 있다.
세 번째는,「무형(無形)」을 중시하고, 전쟁이 시작하기 전에는 여러 가지 시뮬레이션이 필요하지만, 실제로 시작된 후에는 임기응변으로 싸워야 한다고 한「손자」에 비해,『손빈병법』에서는 수십종류의 진형에 대해 구체적으로 서술하고 있는 점 등, 구체적인 진형에 대해 설명하고 있다.
이와 같이 시대성에서 발생하는 작은 차이점은 있지만, 그럼에도 불구하고 근본이 비슷한 것을 미루어 보아, 오늘날에도 친숙하게「손자」의 보편성을 느낄 수 있다.

3장
명장은 기세와 타이밍을 이용한다

형편(形篇) ~ 허실편(虛實篇)

우선 지지 않는 태세(態勢)를 만든다

형편(形篇) 1

「지지 않는」 것과 「이기는」 것

「지지 않는 것」이 먼저인가? 「이기는 것」이 먼저인가? – 말장난 같지만, 여기에는 명확한 의미가 있다.

손자는 전쟁을 잘하는 방법으로, 우선 지지 않는 태세를 갖추고, 그 뒤에 상대가 어떤 형태로든 허점을 보이고, 약점이 노출될 때까지 기다리라고 말한다. 왜냐하면, 지지 않는 것은 자군(自軍)의 노력에 의해 만들 수 있는 능동적인 것이지만, 이기는 것은 상대의 실수에 의해 만들어지는 수동적인 것에 불과하기 때문이라고 정의하고 있기 때문이다.

방위에서 공격으로

그렇기 때문에 병법을 알고 있는 자는 우선 방어를 견고히 해서 지지 않는 태세를 갖춘다. 그렇게

孫子兵法 우선 지지 않는 태세를 만든다.

손자는 「지지 않는 것은 자신의 노력에 달렸지만, 이기는 것은 상대의 실수」라고 말한다. 그렇기 때문에 '우선은 방어' 라고 주장한다.

【 병법을 이해하고 있는 자의 행동 】

「지지 않는 태세」를 만든다. ➡ 상대가 실수할 틈을 보일 때를 기다린다.

그 이유는

함으로써, 적으로 하여금 승리하기 위해 필요한 자군의 실수를 막을 수 있기 때문이다. 그 다음에 적이 실수를 할 때를 놓치지 않고 공격 준비를 해둬서 승리의 태세를 갖춘다 – 그것이야 말로 명장의 전술이라 할 수 있다.

게다가 그 방법도 실제 병력에 따라 바뀔 수 있다. 전력이 부족한 경우에는 방어를 더욱 견고하게 해서 패하지 않도록 하고, 반대로 전력이 풍부한 경우에는 어느 정도 피해를 입더라도 지지 않기 때문에, 적극적으로 공격을 준비해야 한다.

덧붙여 말하는 구절

위에서 서술한 내용 다음에, 손자는 「수비를 잘하는 자는 대지에 잠기는 것과 같고, 공격을 잘하는 자는 하늘을 나는 것과 같다」고 말한 문장을 찾아볼 수 있는데, 왜 방어의 중요성을 설명하는데 공격과 방어를 대등하게 취급하는 것과 같은 문장을 실어 놓았는지 오랜 시간 동안 의문이었다.

하지만, 「죽간본」에는 「공격을 잘하는 자는」이라는 문장이 없는 것으로 보아, 현재는 도중에 이 문장이 추가되어, 결과적으로 마치 대구(對句)처럼 보이게 되었다고 간주한다.

지지 않는 것 : 자신이 만드는 것 ➡ 준비나 작전에 의존

이기는 것 : 상대가 만드는 것 ➡ 실수에 의해 발생한다

⬇

병법을 아는 자는 자신이 지지 않도록 할 수는 있으나, 반드시 자신이 이기도록 할 수가 없다.
➡ 전쟁에서는 이론과 현실은 반드시 일치하지 않는다.

⬇

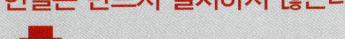

⬇

 # 이기기 쉬운 상대에게 승리한다

형편(形篇) 2-3

이 책에서 말하는 명장(名將)이란

병법을 깊이 연구한 자나 명장들의 이야기를 들으면 일반적 이미지로는 압도적으로 불리한 상황에서 대역전을 해내는 것과 같은 눈부신 활약을 하는 인물을 연상할 것이다. 하지만「손자」는 그러한 자들을 명장이라 하지 않고 명장이라는 것은「이기기 쉬운 상대에게 승리하는 자」라고 한다.

그럼 여기에서 말하는「이기기 쉽다」는 것은 어떤 상황을 뜻하는 것일까? 그것은 예를 들어 10으로 1을 포위하는 것과 같은 확연히 눈에 띄는 것이 아닌 밋밋하게 이길 수 있는 상황이다. 그리고 그것을 가능하게 하는 것은 이길 수 있도록 철저한 준비를 갖추었기 때문이다.

싸우기 전에 승부를 내라

이 책에서의 명장은 전쟁에서 적과 상대하는 시점에서 이미 힘 들이지 않고 이길 태세를 만들어

孫子兵法 이기기 쉬운 상대에게 승리한다.

이기기 어려운 상황에서 이기는 것은 명장의 증거가 아니다. 이기기 쉬운 상황을 만들어 내는 것이야 말로 명장이라는 증거다.

【 손자가 말하길 】

병법을 깊이 연구한 자는, **이기기 쉬울 때 이기는** 자이다.
간단히 이기는 상황을 만들어 낸 뒤에 승리한다.

진짜 명장은 대군으로 소군을 포위하거나, 보급이 끊긴 적을 공격하는 등 다소 손쉬운 방법의 승리
➡ **완전한 준비를 갖추었기 때문에 승리는 손쉬워 보인다.**

놓는다. 그렇기 때문에 명장의 전쟁에는 「얼핏 보면, 대세 앞에 당해낼 수 없는 것처럼 보이지만, 복병이 나타난다」는 일은 있을 수 있지만, 「기적의 역전 승리」는 존재하지 않는다. 하지만 힘든 전쟁을 경험한 일반적인 명장과 이름난 장군은 그런 준비를 할 수 없기 때문에 불리한 상황에서 전쟁을 시작하게 된다.

그런 독자적 명장론을 주장한 뒤에, 굳이 「손자」는, 화려함은 지휘관의 가치와는 관계가 없기 때문에 어디까지나 병법의 이론에 따라 움직여야 한다고 주장하고 있다.

에피소드
명선수에게 파인플레이는 없다

여기에서 말한 것과 같은 것은, 병법뿐만 아니라, 오늘날에도 어디서나 볼 수 있지 않은가? 정말 우수한 기술을 가지고 있는 사람은 물 흐르듯 작업을 할 수 있기 때문에 무리하지 않고, 결과적으로 눈에 띄는 사건을 일으키지 않은 채 일을 끝낼 수 있다.

그것을 표현하고 있는 것이 야구에서 말하는 「명선수에게 파인플레이는 없다」다. 흔히 말하는 명선수는 항상 만전을 기하는 상황에서 타구를 맞이하기 때문에 무리하지 않고 자연스럽게 처리할 수 있는 것이다.

일반적으로 유명한 명장은 불리한 상황에서 대역전해 승리하는 등 화려한 방법의 승리

 그 화려함은 무리한 전쟁을 했다는 증거이다.

평범한 사람의 전쟁은 전쟁에서 대치할 때부터 시작되지만, 명장의 전쟁은 전쟁이 시작되기 전에 이미 끝나 있다.

【「손자」의 사상 】

세상 사람들의 평가를 두려워하지 말고, 병법의 이론에 따라 행동할 것

※ 오나라의 육손은 유비의 촉한군 60만 군사를 맞아 조정과 부하 장수들이 공격하라는 주장을 모른체 하고 준비한 다음, 때를 기다렸다. 마침내 유비의 대군이 사지에 들어오자, 평소에 준비한 화공으로 괴멸시켜 버렸다.

병법의 다섯가지 항목

형편(形篇) 4-5

다섯가지의 기본항목

전쟁을 하는데 있어서 생각해야 할 기본적인 5가지 순서로, 손자는 다섯가지 항목과 그 기반이 되는 생각을 제시하고 있다. 가장 처음에 나오는 것은 지형의 상황인 「지地」다. 여기에서 몇 가지 생각을 순서대로 설명한다. 우선, 전쟁을 벌이는 장소의 지형 등을 척도로 파악하는 「도度」가 나오며, 그 다음에 병력의 크기를 양으로 파악하는 「량量」, 동원해야 하는 사람의 수에 대해 설명하는 「수數」, 적과 아군의 전력을 비교하는 「칭稱」으로 사색을 넓혀간 뒤에 마지막에 승부를 생각하는 「승勝」이 나온다.

병법의 다섯가지 항목

병법에는 다섯가지의 기본적인 항목이 있어 그것들에 관해 깊이 생각할 필요가 있다고 「손자」는 말한다.

【 병법의 다섯가지 기본항목 + α 】

● 지 ➡ 지형의 상황. 「도」의 기반이 된다

1. 도 ➡
「척도로 파악하는 것」
전쟁을 하는 장소의 지형이나 공간에 대해 깊이 생각할 것

2. 량 ➡
「양으로 파악하는 것」
전쟁을 하는데 투입해야 할 병력에 대해서 깊이 생각할 것

형편(形篇)의 정리

전쟁에서 이기기 위한 태세를 갖추는 방법에 대해 말한 형편을 정리하면서,「손자」는「형」은 어떤 것인가? 라는 질문에 대답하고 있다. 그것은 이와 같다.

승리하는 자가 그 기회를 잡아 병사를 전쟁에서 싸우게 할 때 기세는 골짜기 깊은 곳으로 힘차게 쏟아 붓는 것과 같아야 하며 이것이야 말로「형」이라는 것이다. 즉, 지지 않는 태세와 적의 틈을 놓치지 않는 태세를 만들어, 그 뒤에 공격할 때는 물이 무서운 기세로 흐르는 것과 같이 공격한다. 이것을 병법에서 말하는「형」즉, 태세를 만드는 것이다.

보충

형편(形篇)과 세편(勢篇)의 관계

이 형편과 이어서 세편은 대립하는 관계에 있다.「형」은 지금까지 몇 번이고 소개한대로 태세를 만드는데 의미가 있어 정적인 존재이다.

한편,「세」는 그 후에 기회를 잡아 움직일 때의 태세를 만드는데 의미가 있는 동적인 존재이다.

정은 동을 낳고, 동은 정을 낳는다고 하지만, 양쪽은 대립관계에 있다.

위에서 예를 들어 소개하고 있는 깊은 골짜기의 물은「세」를 소개하고 있는 것처럼 보이지만 사실은 그렇지 않다.

3. 수 ➡  「헤아려서 파악하는 것」
동원해야 하는 사람수에 대해서 깊이 생각할 것

4. 칭 ➡  「비교해서 파악하는 것」
적과 아군의 능력을 비교해서 깊이 생각할 것

5. 승 ➡  「승패를 생각하는 것」
최종적인 결과에 대해서 깊이 생각할 것   **순서대로 파생된다**

【 형편의 정리 】

손자가 말하길, 승리하는 장군은 패하지 않는 태세와 적의 빈틈을 포착하면 놓치지 않는 태세를 만드는 자,

그것이「형」이다

그것은「높은 골짜기에 있는 많은 물이 기세 좋게 떨어지는 것」과 같다

여러 가지 병법서 육도(六韜)

- 저자(著者) : 태공망(太公望)
- 성립(成立) : 주(周) 시대?
- 구성(構成) : 6권 60편
- 「무경칠서(武經七書)」 중 하나

태공망의 병법서

은주殷周 혁명에 대해 쓴 소설 『봉신연의封神演義』의 주인공으로도 이름이 널리 알려진 태공망의 병법을 정리했다고 전해지는 서적. 마찬가지로 태공망의 병법서라고 하는 「삼략三略」과 함께 「육도삼략六韜三略」 혹은 「도략韜略」이라고 불리우는 경우도 많다. 실제로는 후세에 병법가가 다양한 사상의 영향, 실천의 이해 등을 종합한 것일 거라고 여겨지고 있다.

이 병법서를 썼다는 태공망에 대한 일화

태공망의 본명은 여상(呂尙)이다. 활동하던 시기는 은(殷)나라의 시대가 끝나고 주(周)나라의 시대로 접어든 때였다. 기원전 1122경 여상은 젊을 때부터 공부에만 열중해서 집안 일을 돌보지 않아 가세가 말이 아니었다. 아내가 마침내 달아나 버리고 말았다. 주의 서백이 은의 주왕을 토벌하고 무왕(武王)이 되었을 때, 봉함을 받고 제상이 되어 제후의 반열에 들었다. 그러자 도망쳤던 아내가 찾아와서 다시금 아내로 맞아달라고 애원했다. 여상은 물그릇의 물을 땅에다 쏟고 다시 그릇에 주어 담아보라고 했다. 땅속에 스며든 물이 그릇에 담겨질리 없었다. 그는 무안한 표정을 짓는 아내에게 이렇게 말했다. "엎지른 물은 그릇으로 되돌아 올 수가 없노라."

「호권(虎卷)」의 어원

형식으로는 태공망과 주의 문왕 혹은 무왕과의 문답 형식을 취하고 있으나 「문도(文韜)」, 「무도(武韜)」, 「용도(龍韜)」, 「호도(虎韜)」, 「표도(豹韜)」, 「견도(犬韜)」의 여섯권으로 구성되어 있다. 그 중 「호도」에서 병법의 궁극적 의미를 뜻하는 「호권」이라는 관용구가 탄생한다. 덧붙여, 제목에도 있는 도라는 것은 「은폐하다」, 「깊숙이 집어넣다」는 의미가 있는데, 바꿔 말하면 「비전秘傳」을 의미한다. 성립사정의 탓인지 내용에는 일관성이 없고, 잡다한 전략, 전술론이 정리되어 있다고 평가받지만 실전에는 도움이 된다고 한다.

082

여러 가지 병법서 삼략(三略)

- 저자(著者) : 태공망(太公望) 여상(呂尙)
- 구성(構成) : 삼 편
- 성립(成立) : 주(周) 시대?
- 「무경칠서(武經七書)」 중 하나

기략(機略)과 전략(戰略)의 서적

제목의 「략」이라는 것은 「기략」이나 「전략」의 의미. 「육도」와 마찬가지로 태공망의 병법서로써 육도와 함께 전해지는 경우가 많다. 내용으로는 상, 중, 하 3편으로 구성되어 있어 지금 전해져 오는 책은 「노자」의 영향을 받은 것으로 보인다.

이 병법서는 「대저 주장主將은 그 역할을 다해서 영웅의 정신에 대해 깊이 생각하고, 공로를 세운 것에 대하여 상금을 수여하고, 뜻을 민중들에게 전한다」는 문장으로 시작하는데, 현대에 와서 군사학은 학學과 술術의 종합예술이며, 인문과학의 총학이다. 제2차 세계대전에서 보았듯이 역사는 승자가 이끄는 것이고 패자는 단지 승자의 눈치를 볼 수밖에 없다. 문화와 문명이 앞선 자는 기록을 남겼고, 그 과정에서 승전한 영웅들은 공로에 보답받고, 기록되어지고 민중들의 칭송을 받게 마련이다.

그러므로 역사책에 기술된 '명백한 사실'이란 것도 모두 진실된 역사만은 아니다. 왜냐하면 역사에는 승리자의 기록만 '정사'라 하기 때문이다.

전설적인 경위

『삼략』 탄생에 얽힌 이야기는 실로 인상적이다. 그 주인공은 전한(前漢)을 세운 유방(劉邦)의 군사 장량(張良)이다. 진나라의 시황제를 원수로 생각하고 노리고 있었던 그는 암살을 계획하지만 실패하고 도망자의 신분이 된다. 그러던 중, 장량은 다리 부근에서 노인을 만난다. 그 노인은 장량에게 「장래성이 있어 보이니 5일 후에 이 곳으로 오라」고 명령하는데, 5일 후 그가 노인을 찾아가자 이미 그 장소에 도착해 있던 노인은 「노인을 기다리게 하다니 무슨 짓이냐?」라며 혼을 낸다. 두 번이나 똑같은 일이 반복되고 3번째, 장량이 밤부터 노인을 기다리자 노인이 나타나, 한권의 책을 준다. 그것이 바로 태공망의 병법서 『삼략』이었다.

「손자」를 활용한 주요 인물들
- 장군들 -

한국(韓國)
을지문덕(乙支文德)

생몰(生沒)	?~?
별명(別名)	고구려의 명장. 선비 계통의 성씨로 보아, 혹자는 을지문덕을 귀화인으로 보기도 한다.

612년 영양왕23년 수나라의 우중문·우문술이 133만 명의 수륙양군으로 고구려에 침공했을 때, 평양성이 공격당해 위기에 봉착하자, 을지문덕은 항복한다는 구실로 수나라 진영에 들어가서는 적정을 정탐하고 위장 후퇴를 하였다. 적이 유인되어 소모된 틈을 타 살수 지금의 청천강에서 일거에 무찔러 대승을 거두었다. 심리전에도 능해 「귀신같은 꾀는 천문을 구명하고 신묘한 계산은 지리에 통달했네. 전승의 공이 이미 높으니 만족함을 알고 그만 싸움을 그치라」라는 희롱하는 시를 보내어 이기게 된다.

본 일러스트는 「한국어 번역판」을 위해 도서출판 골든벨에서 독자적으로 그린 일러스트입니다.

일본(日本)
사나다 유키무라(眞田幸村)

생몰(生沒)	1567년 ~ 1615년
별명(別名)	사나다 노부시게(眞田信繁) 「본명(本名)」, 벤마루(弁丸) 「아명(兒名)」, 겐지로(源次郎) 「통칭(通稱)」, 사에몬노스케(左衛門佐)
출신(出身)	시나노쿠니(信濃國)

「유키무라」로 알려져 있다. 사나다 유키타카(眞田幸隆)의 손자. 능수능란하게 병법을 구사했으며, 세키가하라(關ヶ原) 전투와 병행해 일어난 우에다(上田) 전투에서는 아버지 마사유키昌幸와 함께 소수의 병사로 농성전을 벌여, 토쿠가와 히데타다(德川秀忠)의 대군이 당해내지 못할 만큼의 강력함을 보였다. 오사카 겨울 전투와 여름 전투에서도 토쿠가와 가문을 고전하게 했으며, 마지막에는 토요토미 가문과 운명을 함께 했다.

한국(韓國)
백선엽(白善燁)

- 생몰(生沒) : 1920~
- 출신(出身) : 평안남도 강서군

'내가 물러서면 나를 쏴라'
백선엽은 장군의 지위에 있으면서도 위세를 부리지 않았던 점과 한국 전쟁 중에는 차량 이동을 자제하고 부하 장병들과 함께 도보로 걸어서 이동하는 등 겸손한 군인이었다. 30대에 한국군 참모총장을 지냈으며, 치열했던 다부동 전투에서는 병사들보다 앞서 진격한 일화도 유명했다. 한국에 부임하는 주한미군 사령관들은 「존경하는 백선엽 장군」이라는 인사말을 시작하는 전통이 있을 정도였다.
전쟁터에서 항상 부하들과 생사고락을 함께 한 4성 장군 백선엽, 그는 「손자」의 덕과 용을 몸으로 실천한 장군이었다.
본 일러스트는 「한국어 번역판」을 위해 도서출판 골든벨에서 독자적으로 그린 일러스트입니다.

일본(日本)
타케다 신겐(武田信玄)

- 생몰(生沒) : 1521년 ~ 1573년
- 별명(別名) : 타로(太郎) 「아명(兒名)」, 하루노부(晴信) 「본명(本名)」, 토쿠에이켄 신겐(德榮軒信玄) 「법호(法號)」
- 출신(出身) : 카이노쿠니(甲斐國)

카이(甲斐) 야마나시현(山梨縣)를 지배한, 전국(戰國) 최강의 한명으로 꼽히는 무장. 「손자」에서부터 「바람처럼 빠르게, 숲처럼 고요하게, 불길처럼 맹렬하게, 산처럼 묵직하게」라는 뜻의 「풍림화산(風林火山)」의 깃발을 앞세우고, 카와나카(川中)섬에서는 11년에 걸쳐 우에스기(上杉) 군과 전쟁을 벌이고, 미카타가하라(三方ヶ原)에서는 토쿠가와 군에게 대승을 거둔다. 천하통일을 할 수 있는 가장 유력한 무장이었지만, 1572년에 쿄토로 가는 도중에 병으로 쓰러져 이듬해 숨을 거둔다.

분수, 형명, 기정, 허실

세편(勢篇) 1

분수(分數)와 형명(形名)

「손자」가 세편의 서두에서 말하는 것은 전쟁을 벌이는 곳에서 적과 싸우기 위해 생각해야 할 네 가지로, 「병법을 아는 자가 그것을 해결할 수 있는 이유는 왜 인가?」라는 문제이다.

첫 번째는, 대세大勢에 병사를 혼란스럽게 하지 않고 질서있게 행동하도록 할 것, 그리고 그렇게 하기 위해 필요한 것이 「분수」 – 부대의 편성이나 조직구조를 확실하게 만들어 둘 것이다.

두 번째는, 대세의 병사를 작은 부대같이 완전히 파악하고 질서있게 싸우도록 할 것. 그리고 그러기 위해서 필요한 것이 「형명」 – 구석구석까지 의사소통이 되도록 하기 위한 준비이다.

기정(奇正)과 허실(虛實)

세 번째는, 적에게 공격당했을 때 패배하지 않도록 싸우는 것. 그리고 그렇게 하기 위해 필요한

孫子兵法 분수, 형명, 기정, 허실

여기에서 이야기 하는 것은 전쟁터에서 적과 대치하면서 전쟁을 하기 위해 생각해야 할 네가지이다.

대세에 병사를 질서있게 행동하도록 하기 위해 필요한 것은 무엇인가?

➡ 그것은 **분수**이다.

부대의 편성이나 조직구성의 구축

대세에 병사를 질서있게 싸우도록 하기 위해 필요한 것은 무엇인가?

➡ 그것은 **형명**이다.

부대배치, 깃발이나 소리등 연락 수단, 지휘

것이 「기정」 – 상대의 의표를 찌르는 「기」 전법과, 정석대로 실행하는 「정」 전법의 밸런스가 조화를 이루는 것을 말한다.

네 번째는, 계란으로 바위치기라는 말처럼 상대를 무찌르는 것. 그리고 그렇게 하기 위해 필요한 것이 「허실」 – 상대의 약점을 충실히 쌓아온 전력으로 공격하는 것이다.

덧붙여, 「기정」과 「허실」에 관해서는 이후에도 몇 번이나 등장하기 때문에 참조하길 바란다.

> **보충**
>
> ### 「형명」에 대한 해석
>
> 이 책에서는 「형명」을 군대 구석구석까지 의사소통을 하기 위한 수단으로 해석하고 있지만, 이 말의 의미에 대해서는 예부터 여러 가지 해석으로 전해져 내려오고 있다. 이 책의 해석의 기반이 되는 것은 중국 삼국시대의 영웅 중 한명인 조조가 「정기를 형이라고 하고, 징과 북을 명이라 한다」고 해석했다.
>
> 조조는 전쟁 중에도 대군을 질서있게 움직이기 위해서 깃발이나 북과 같은 통신도구를 충분히 준비하는 것이 필요하다고 해석한 것이다.

적에게 공격당해도 패배하지 않고 싸우기 위해 필요한 것은 무엇인가?

➡ 그것은 **기정**이다.

의표를 찌르는 전법 즉, 기와 정석대로 행동하는 전법, 정의 조화

상대를 간단히 무찌르기 위해 필요한 것은 무엇인가?

➡ 그것은 **허실**이다.

상대의 약점을 성실히 파악한 전력으로 공격하는 방법

정석대로 나아가, 기발한 전략으로 상황에 대처한다

세편(勢篇) 2

전쟁에서 이긴다는 것은?

대체「전쟁에서 이긴다는 것은 어떤 것일까?」 –「손자」는 이 중요한 명제에 대해 정석대로 정당한 정공법 전술로 지지 않는 태세를 먼저 갖춘 뒤에, 정신없이 변하는 상황 변화에 적응하는 천변만화千變萬化의 기책奇策으로 무찌른다고 대답하고 있다.

「전쟁이라는 것은 적을 속이는 것이다」라고 설명하는 등 기책을 중시하는 이미지가 강한 손자병법이지만, 한편으로는 정석대로 정공법도 동등하게 중시하고 있는 점을 알 수 있다. 양쪽을 능수능란하게 다뤄야 한다는 것이「손자」의 가르침이다.

孫子兵法 정석대로 나아가 기발한 전략으로 상황에 대처한다.

정공법에 의한 상황인식과 실제 싸울 때의 임기응변의 기책의 조화는 무한하며, 그것을 잘 이용하는 것이 중요하다.

【 전쟁에 임하는 태도는 】

정(正) 적의 공격을 받아들이기 위한 정공법
기(奇) 적을 무찌르기 위한 기책, 기습

기의 전술을 깊이 연구한 자의 전략은 무한하고 동시에 참패당하는 법이 없다.

기중에 정이 있고, 정중에 기가 있다

「손자」는 말하기를 「기정奇正의 반복되는 상생은 순환의 끝이 없는 것과 같다」 — 즉, 기책과 정공법은 서로를 마치 순환이 끊어지지 않도록 계속해서 생산해 낸다는 말이다. 기책은 정공법을 앞세울 수 있기 때문에 상대를 속이고 정공법은 「기책이 있을지도 모른다」고 상대가 생각하게 만들어서 충분한 위력을 발휘한다. 그 모습을 「손자」는 돌고도는 순환에 비유한 것이다.

또한, 이 기와 정은 서로 섞여서 무한한 폭의 전술을 펼 수 있게 하고, 그것이야 말로 소리나 맛이나 색이 섞여 무한한 변화를 가져오는 것으로 비유하고 있다.

> **보충**
>
> ### 중국식의 오음
>
> 이 항목에서 소개할 「다섯가지 맛의 조화」나 「다섯가지 색의 조화」는 비교적 이해하기 쉽지만 「다섯가지 음의 조화」는 이해하기 어려울지도 모른다.
>
> 이것은 중국에 있는 음의 이름으로 오음이라는 것은 각각 「궁(宮, 미)」「상(商, 솔)」「각(角, 도)」「징(徵, 레)」「우(羽, 라)」를 뜻한다. 이 음들이 조화를 이뤄 무한히 퍼져나가는 것을 기정의 전술과 같다고 「손자」는 제시하고 있다.

정과 기, 두가지 요소만 조화를 이루어도, 그것에 의한 변화의 다양성은 무한하다.

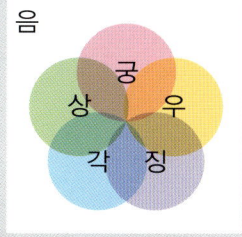
음

색

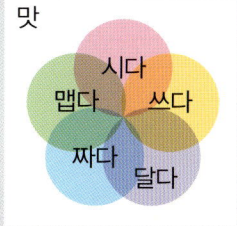
맛

상황에 맞게 무한히 변화하는 기정의 상호작용을 활용하기 위해서 양쪽을 능수능란하게 다룰 필요가 있다.

기세와 타이밍
세편(勢篇) 3

물의 흐름과 맹금(猛禽)의 일격

세편은 형편에서 갖춘 태세를 활용해서 그 기세로 적군을 무찌르는 것을 목적으로 한 장이다. 「손자」는 그런 무시무시한 세력으로 적군을 무찌르는 것을 「소용돌이 치는 급류의 빠르기는 돌을 떠다니게 한다」 – 즉, 바위나 돌 조차도 떠내려 가게 하는 격렬한 물의 흐름에 비유하고 있다.

한편으로 「손자」는 대구(對句)로, 또 하나의 중요한 요소에 대해 말하고 있다. 그것은 절목(節目), 흔히 말하는 타이밍이다. 그것을 비유해서 「맹조류의 공격력은 사냥감을 박살낼 정도이다」 – 즉, "맹금류가 먹이를 박살낼 정도로 강한 일격이다"라는 말이다.

기세와 타이밍의 양립

예를 들어 활 시위를 한껏 당길 때, 사수의 힘이 강하면 강할수록 강렬한 기세로 화살을 쏠 수 있

孫子兵法 기세와 타이밍

매사에 「기세」와 「타이밍」을 이해하고 시행하는 장수가 우수한 장군이다
그런 장수 앞에서 상대는 어떤 대항책도 통하지 않는다

「손자」는 우수한 장군의 행동을 이와 같이 비유해서 제시한다.

지만, 타이밍이 좋을 때 쏘지 않으면 적을 맞출 수 없다. 예리하게 날아간 화살이 적을 맞추지 못하고 스쳐 지나간다면 얼간이가 될 뿐이다.

여기에서 알 수 있듯이 맹렬한 기세가 있다고 해도 그것만으로 의미를 가질 수 없다. 그 기세를 적합한 타이밍에 개방하는 것이 가능해야만 의미를 가질 수 있고, 그것이 가능하다면 적군은 속수무책의 상태로 지게 될 것이다.

그리고 그것을 해내는 자야 말로 우수한 지휘관이라고 할 수 있다.

「훼절(毁折)」이라는 것은 무엇인가?

위에서 인용하고 있는 「맹조류의 공격력은 사냥감을 박살낼 정도이다」 – 의미는 이미 설명한 대로이지만, 어구를 이해하기 어려울지도 모른다.

「맹조류」는 매나 독수리로 대표되는 맹금류인데, 그렇다면, 「훼절」이란 무엇인가?

답은 「박살내는 것」을 말한다. 타이밍을 노려 재빨리 사냥감을 공격한다는 말이기도 하다. 또한, 맹금류의 사냥감을 해석하는 사람에 따라서는 「뼈를 부수고 날개를 꺾는다」 등의 구체적인 표현을 쓰는 경우도 있다.

격렬하게 흐르는 물은 바위나 돌 조차도 움직이게 한다.
➡ 그것은 맹렬한 기세가 있기 때문이다.

맹금류는 급하강하며 일격을 가해 사냥감의 뼈를 손쉽게 박살낸다.
➡ 그것은 적절한 타이밍을 잡았기 때문이다.

전쟁에 능수능란한 장군이란, 꾸준히 비축한 에너지를 적합한 타이밍에 풀어놓을 줄 아는 자이다.

그래서 상대는 아무것도 하지 못한 채 지게 된다.

혼란(混亂), 겁(心弱), 연약(軟弱)

세력편(勢力篇) 4-5

단점과 장점의 표리관계

혼란이라는 것은 질서있는 상태로부터 나오고, 겁이라는 것은 용감한 자의 마음에 스며드는 것이며, 연약이라는 것은 굳세고 용감한 자의 반대되는 측면이다. – 즉, 장점은 언제나 반대로 단점을 안고 있다고 「손자」는 주장한다.

그 뒤에 그 장점이 단점으로 바뀌지 않도록 주의해야 할 것을 제시한다. 즉, 「수數」 조직과 편성가 만전을 기한 상태라면 질서있는 상태를 유지할 수 있다. 이런 「세勢」 기세를 가지고 공격하면 겁을 내지 않는다. 「형形」 부대의 배치와 지휘이 제대로 되어 있다면 연약함은 적에게 드러나지 않는다.

적이 바라는 것을 일부러 보여줘라

당연한 것이지만 「이것을 적에게도 말할 수 있다」라고 한다면 적의 장점이 단점으로 바뀌는 상황으로 만들면 된다. – 그렇게 생각하는 것은 지극히 자연스러운 것이라 할 수 있겠다.

孫子兵法 혼란, 겁, 연약

나쁜 요인이라는 것은 좋은 요인 안에서 발생하는 것. 반대로 말하면, 상대에게 그러한 것이 되도록 만들면 된다.

**작전이 혼란스럽게 되거나 상황을 읽을 수 없게 되어도
조직편성과 지휘 계통이 확실하게 정비되어야 패하지 않는다.**

역설적으로

그렇기 때문에「손자」는 굳이「적이 알 수 있도록 보여줘라」,「적이 바라는 것을 보여줘라」고 가르치고 있다. 그렇게 하면 적은 이쪽이 생각하는대로 움직일 것이기 때문에, 이때에 상대의 노출된 약점을 공격하기 쉬워질 것이다. 이것은「이익을 얻었다」고 생각하는 적에게 있어서는 유리함을 불리하게 바꾸는 동시에「약점을 보였다」고 생각하는 아군에게 있어서는 불리함을 유리함으로 바꾸는 작전이다.

미니지식

고대 중국인의 이원론(二元論)

아주 옛날부터 중국인이 좋아하는 사상 중 하나로「이원론」이라는 것이 있다. 이것은 세상의 모든 것이 대립하는 2가지 요소에 의해 성립된다는 - 하늘과 땅, 낮과 밤, 남자와 여자, 앞과 뒤, 아름다움과 추함, 그리고 정확함과 기이함, 장점과 단점 - 이라는 사상이다.

게다가, 이 각각들이 단순히 대립하고 있는 것이 아니라, 노자가 말하기를「아름다움은 동시에 추하기도 하고, 선함은 동시에 악하기도 하다」즉, 서로 양면성을 가지고 있다고 생각한 것이다.「손자」의 사상에도 이 영향을 받은 것을 우리는 볼 수 있다.

【「손자」는 장점과 단점이 양면적이라고 생각한다 】

치(治) ──────────────▶ 란(亂)
　　「정연(整然)」「수」(조직과 편성)에 따라「혼란」

용(勇) ──────────────▶ 겁(怯)
　　「용기(勇氣)」「세」(군대의 기세)에 따라「공포심」

강(强) ──────────────▶ 약(弱)
　　「강함(强)」「형」(부대배치와 지휘)에 따라「약함」

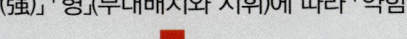

상대가 지닌 장점을 단점으로 바꿀 수 있는 상황을 만들면 된다.

➡ **상대가 손을 쓰고 싶다는 상황을 만들어 유인한다.**

훌륭한 지휘관은 인재를 적재적소에 배치한다

세편(勢篇) 6

개인의 능력보다 집단의 세

「손자」가 주장하는 훌륭한 지휘관은 병사 한 사람 한 사람에게 과도한 기대나 요구는 하지 않는다. 작전을 세울 때 개인능력을 전제로 하지 않고, 실패했다고 해도 각자에게 책임을 묻지 않는다고 말하고 있다.

이것은 지휘관으로서 가져야 할 책임과 공평한 자세를 말하는 것이 아니라, 집단이 가지고 있는 세 - 전체적인 세를 중시하는 것으로부터 나온다. 이런 기세는 개인능력과는 관계가 없기 때문에, 우수한 지휘관은 부하가 각각 가장 능력을 잘 발휘할 수 있는 곳에 배치한 뒤에는 상황 변화와 기세를 이용하는 것만 생각하면 된다는 것이다.

孫子兵法 **훌륭한 지휘관은 인재를 적재적소에 배치한다.**

병사 개인에게 과도하게 기대를 하거나 책임을 물어서는 안 된다. 지휘관은 그들의 능력을 파악한 뒤 적재적소에 배치해야 한다.

【 유능한 지휘관의 행동 】

병사들 개인의 능력 ← 지휘관 → 집단이 가진 기세

과도하게 요구를 하지 않고 책임을 전가하지도 않는다.

각각 개인의 능력에 관계없이 전체적인 기세를 이용한다.

「나무와 돌을 옮기듯이」

「손자」는 이런 적재적소를 행동에 옮기는 지휘관을 비유해 「나무와 돌을 옮기 듯이」 – 즉, 나무나 돌을 굴리는 것과 같다는 말이다.

왜냐하면 나무나 돌이라는 것은 각각 특징이 있기 때문에 어떤 방법으로 옮기면 힘들이지 않고 옮길 수 있지만, 그렇지 않은 방법으로 옮기려고 하면 전혀 움직이지 않을 수 있다. 바꾸어 말하면, 훌륭한 지휘관은 나무나 돌의 특징을 이해하는 것처럼 부하 개인의 특징도 파악하고, 나무와 돌을 옮기는 것처럼 집단의 기세적 특징을 활용하는 것이 가능하다는 말이다.

미니지식
맹자의 집단론

개인의 능력보다도 집단의 능력에 초점을 맞춘 학자는 손자만 있는 것이 아니다. 유가(儒家)의 대표적인 인물 중 한사람인 맹자는 유명한 「천시(天時) 타이밍」, 「지리(地利) 지리적인 조건」, 「인화(人和) 집단의 유대, 단결」이라는 세 가지 요소를 제시한 뒤, 「천시는 지리에 미치지 못하고, 지리는 인화에 미치지 못한다」 – 타이밍보다도, 지리적인 조건보다도, 집단의 단결이 우선 시 되어야 한다고 주장하고 있다. 「손자」와는 조금 다른 방식으로 생각하고 있다.

⬇

그렇기 때문에 부하를 적재적소에 배치한 뒤에는
그 뒤의 상황변화와 집단의 기세에 맡긴다.

【 「손자」의 비유 】

기세를 잘 활용하는 지휘관의 행동은 나무나 돌을 움직이는 것과 같다.

⬆

그 형태나 주위 상황에 의해 움직이거나 움직이지 않는 것

각각 부대의 성질을 이해한 뒤 상황에 맞게 대응할 수 있다는 것을 예시했다.

「손자」를 활용한 주요 인물들
- 학자들 -

한국(韓國)
이이(李珥)

생몰(生沒)	1536년~1584년
별명(別名)	율곡 · 자는 숙헌 · 석담
출신(出身)	강릉

이이는 신사임당의 아들로 태어났다. 대제학 · 호조판서 · 이조판서 · 병조판서 등 내외의 요직을 두루 역임하였고, 임진왜란 직전에 10만 양병설을 주창하여 다가올 국란인 왜침에 대비하자고 여러차례 주장하였다. 어리석은 왕과 당쟁에 휩싸인 조정에서는 그의 방책을 듣지 않았고, 마침내 전란에 휩싸이게 됐을 때 왜란으로 인해 조선은 초토화되고 말았다. 조선의 학문을 빛낸 주옥같은 저서도 여러권 지었으며, 길지 않은 생애를 보냈다. 만약 조선 조정이 율곡의 「유비무환」의 방책이 실현되었다면 전쟁의 양상은 크게 바뀌었을 것이다.

본 일러스트는 「한국어 번역판」을 위해 도서출판 골든벨에서 독자적으로 그린 일러스트입니다.

일본(日本)
오규우 소라이(荻生徂徠)

생몰(生沒)	1666년 3월 21일 ~ 1728년 2월 28일
별명(別名)	나베마츠, 시게노리(자)
출신(出身)	에도

에도 시대 중기의 학자. 어릴 때부터 가난한 삶을 살면서 독학으로, 1696년에 막부 소바요우닌의 야나기사와 요시야스의 눈에 띄어 그를 섬기게 된다. 강의와 정치분야에서 활약하지만, 요시야스가 관직에서 파면 당함에 따라 퇴직한다. 이후에도 많은 문하생들을 육성하여 이름을 남긴다. 저술서로는 「손자」를 해설한 『손자국자해』가 있다.

일본(日本)
하야시 라잔(林羅山)

- **생몰(生沒)** 1583년 ~ 1657년 3월 7일
- **별명(別名)** 노부카츠(본명), 도우슈운(법호)

에도 시대 초기 학자. 소년시기에는 선사에서 학문을 수양했다. 23세의 젊은 나이에 토쿠가와 이에야스를 섬기게 되어 이제 막 시작된 막부의 토대를 다지는데 힘을 다 한다. 4대 장군 이에츠나 시대까지 살아, 막부의 학문의 책임자로 이름을 널리 알리며 하야시 가문의 선조가 된다. 많은 책을 저술하여, 그 중에서도 손자의 주석서『손자언해』가 있다. 후계자 육성에도 열심이었기 때문에, 우에노 시노부가오카에 사숙을 세운다. 이것이 현재에도 남아있는 유시마 성당의 원형이다.

일본(日本)
아라이 하쿠세키(新井白石)

- **생몰(生沒)** 1657년 3월 24일 ~ 1725년 6월 29일
- **별명(別名)** 덴조우(아명), 키미요시(본명), 자이츄우(자), 스미요시(자), 요고로우(통칭), 카게유(통칭)
- **출신(出身)** 강호

에도 시대 중기의 학자. 가난한 생활을 하면서 학자를 목표로 추구했지만, 스승의 추천으로 6대 장군 토쿠가와 이에노부을 섬기게 된다. 이 무렵 막부의 재정은 기울고 있어서, 이시카와를 중심으로 한 멤버에 의해 재정립(쇼토쿠의 치) 되었다. 하지만 8대 장군 요시무네 시대가 되자 파면 당하고, 이후에는 정치로부터 떠나 문필활동에 전념해 간다.「손자」의 해설서『손자병법택』등 많은 저서를 남겼다.

3장 명장은 기세와 타이밍을 이용한다

손자병법 **097**

「손자」로 보는 전투 – 러일전쟁에서의 해전

사전준비로 발생한 차이

부동항을 원하는 러시아와 대륙으로 진출하고자 하는 목표로 하는 일본의 이해가 대립한 결과 발생한 러일 전쟁. 그 결정은 토고 헤이하치로가 이끄는 일본함대가 러시아가 자랑하는 발틱 함대를 물리친 대한해협에서 이루어진 해전이다. 이 전쟁의 하이라이트는 전투 전의 준비에 있다. 일본함대는 먼 유럽에서부터 오는 적의 함대의 루트를 미리 알고 만전을 기해 태세를 갖추고 기다리는데 성공하지만, 발틱 함대는 엄청나게 긴 장정으로 인하여 보급도 부족한데다가, 지친 상태에서 일본과 싸우게 된다. 이 전쟁은 시작하기도 전에 이미 큰 차이를 보이고 있었다.

기책과 정공법의 조화

이리하여 1905년 5월 07일, 양쪽 함대는 쯔시마오키에서 격돌하게 된다. 이 전쟁에서 토고는 아군이 무방비 상태에 있는 것을 보고 해전의 이론상 금지된 수단인 기책인 적전대회두(후에 「토고턴」이라고 이름 붙여진)라는 해전의 이상이면서도 실현하지 못했던 「정자전법」을 조합시켜 발틱 함대를 압도했다. 이것은 바로 「손자」에서 말하는 「기정전술의 조화」이다. 이 전쟁은 러일전쟁의 종전을 결정지었을 뿐만 아니라, 해전 역사상 길이 남을 정도로 압도적 승리를 거둔 이야기로 이어져 오고 있다.

보충

통신기술의 영향

일본해 해전에서 일본함대의 승리에 공헌한, 세상에 알려지지 않은 공로자로 당시 발명된 지 얼마 안된 무선전신기가 있었다. 일본함대는 이 신기술을 빠르게 도입해서, 이 무렵 이미 36식 무선전신기를 사용하고 있었다. 이 전신기는 발틱 함대의 위치 발견부터 전투 중의 각 함대끼리의 연락까지 폭 넓게 활용되어, 일본군의 승리에 큰 공헌을 했다. 「손자」가 주장한 것처럼, 통신기술의 장비가 큰 성과로 이어진 것이다.

승전장 토고 헤이하치로의 변

토고는 전후 승전에 들떠 있는 일본국민들에게 이렇게 말했다.
「나의 승리는 결코 조선의 이순신의 승리에 비하면 보잘것 없다」라고 했다.

1. 정보의 가치

이미 러시아 태평양 함대의 대부분을 무력화시킨 일본해군은 접근하는 발틱 함대를 맞아 공격할 전력을 집중시켰다. 함대의 목적지가 있는 블라디보스토크로 향하는 항로는 동해를 거치는 루트와, 태평양을 우회하는 루트가 있었다. 넓은 동해에서 아군을 분산시켜 기다리고 있는 것보다도, 전력을 집중해 적을 공격하려고 했던 토고는 최단항로인 대한해협의 쓰시마오키 협에 함대를 대기시키고 그 예상은 훌륭하게도 적중한다. 또, 많은 항구에 정보원을 배치하고, 러시아 함대의 동정을 살폈다. 강대한 러시아 함대를 상대로 일본은 힘을 집중하고 정보에서 우위를 점하는데 성공한다.

진해만 → 동해

2. 발틱 함대의 부족한 준비

이 무렵 러시아는 강대한 해군전력을 가지고 있었지만, 영토를 확장시킴에 따라 그것을 분산배치하고 있었다. 그 때 유럽의 발틱해와 흑해에 있는 함대를 아시아로 향하게 하려고 했지만, 영국과의 관계가 악화되어 러시아는 영국의 식민지 항구에서 보급을 할 수 없었고, 또한 영국의 지배 하에 있었던 수에즈 운하를 이용할 수 없었다. 결국, 러시아 함대는 보급과 연료의 큰 피해를 입게 되었다. 이것은 「손자」의 주장 중 「멀리서 온 군대보다 가까이에서 온 군대가 유리하다」와 「보급은 매우 중요하다」는 것과 반대되는 상황으로, 그들이 패배한 원인 중 중요한 요인의 하나가 되었다.

일본 함대

쓰시마

토고 헤이하치로

발틱 함대

쓰시마해협

3. 기책(奇策), 적전회두(敵前回頭)

5월 27일, 일본 러시아 양쪽 함대는 쓰시마오키에서 만나, 교전 상태에 들어간다. 당시 해전의 이론대로 양쪽 함대는 측면의 포문을 보이며 평행으로 엇갈리는 진로를 택했으나, 일본함대는 갑자기 적 앞에서 회두(턴) 해서 상대의 앞을 막는 듯한 진로를 취한 것이다. 지쳐서 전진하는 적의 앞머리를 두드리는 이런 전법을 만든 것은 정자전법이라고 하는데, 매우 유효했지만 좀처럼 실행에 옮기지 않는 것이 상식이었다.

하지만, 전투함대사령관인 토고 헤이하치로는 적 앞에서 회두라는 위험한 행동을 해서, 이상적인 작전을 성공시킨다. 그 결과, 해전은 일본함대의 승리로 끝나고, 러일전쟁도 일본에게 유리한 국면을 맞게 된다. 이것은 만전을 기해 준비를 한 기책으로 승리를 얻을 수 있다고 주장한, 「손자」의 가르침을 그대로 따른 전쟁이라 할 수 있다.

 # 전투에서 주도권을 쥐고, 적을 유도하라

허실편(虛實篇) 1

전쟁에서 이기려면 먼저 채비를 하고 적을 기다려라

「손자」가 반복해서 강조하는 것 중 하나로 전쟁의 주도권을 쥐는 것, 적을 자신의 생각대로 움직이게 하는 것이 있다. 그 중 하나가 허실편의 서두에서 말하는「먼저 전쟁에서 진을 치는 쪽이 유리하고, 나중에 진을 치는 쪽이 불리하다」는 것이다.

　이렇게 유리한 조건을 유효하게 활용하기 위해서는 전쟁에 능한 사람은「사람을 오도록 하되, 사람에게 끌려가지 않는다」― 상대를 자신의 생각대로 움직이게 하되, 상대의 생각대로 자신은 움직이지 않는다. 그렇게 하지 못하는 어리석은 장군은 위기에 빠져 질 수밖에 없다.

적의 유도법을 파악하라

그럼, 어떻게 하면 상대를 자신의 생각대로 움직이게 할 수 있을까?

 ### 전투에서 주도권을 쥐고 적을 유도하라

보통 상대의 상황을 파악한 뒤에, 아군에게 있어 가장 유리한 상황으로 몰아간다

전장의 요지에서 적을 기다린다
➡ 유리

나중에 전장에 도착한다
➡ 불리

【 우수한 장군의 선택 】

정(正) 자신이 선택한 장소로 상대를 몰아넣어 그 곳에서 싸운다.

「손자」는 그 질문에 대해 몇 가지 구체적인 대답을 하고 있다.

그것은 즉, 「적이 유리한 조건 전력, 보급, 휴식 등을 가지고 있다면, 그것을 쓸 수 없도록 한다」라던지, 세편에서도 기술했던 「상대가 원하는 이익을 보여주면서 유도할 것」이라던지, 「선수를 쳐라」라던지, 「허를 찔러라」 등 상대방의 예상을 뛰어넘는 행동을 하는 것이다. 그러므로 여기에 그 허허실실의 소통을 소개하는 허실편이 시작된다.

에피소드
전장에서 선발대의 우위성

먼저 전장에서 진을 치고, 적을 기다려 공격하는 편이 기본적으로 유리함을 우리는 알고 있다. 물리적으로는 보급 등에 유리하고, 심리적으로는 승리자가 된 기분으로 싸울 수 있을 것이다. 또, 긴 시간 동안 걸어 온 병사들이 푹 쉴 수 있다는 점도 크게 작용한다.

예를 들어 612년 고구려의 명장 을지문덕은 수나라가 113만이라는 대병을 이끌고 고구려를 침범했을 때, 적의 절대적 우세(즉, 적이 유리한 조건 「전력, 보급」 등을 가지고 있음을 파악하고 별동대를 앞세워 「그것을 쓸 수 없도록」 하기 위해서 「상대가 원하는 이익 즉, 후퇴」를 기하면서 적의 군사들을 자신의 진영 깊숙이 유인한다. 을지문덕은 지친 적을 본 대로 하여금 기다렸다 공격함으로써 대승을 거두게 된다. 이것은 손자의 허실편의 진수라 하겠다.

오(誤) 상대가 생각한대로 행동해서 전장으로 유인 당한다.  ✕

【 구체적으로 어떻게 하면 좋은가? 】

1. 적이 바라는 이익을 과시하게 해서, 우리 생각대로 움직이게 한다.
2. 적의 전력을 방해해서 마음대로 움직이지 못하게 한다.
3. 적의 상황이 유리하다면 그 원인을 차단시킨다.
4. 적이 충분한 보급을 가지고 있다면 그 보급선을 끊어 버린다.
5. 적이 충분히 쉬었다면 쉴 수 없는 상황을 만든다.
6. 적이 움직일 수밖에 없는 장소로 먼저 유도한다.
7. 적이 예측하지 못하는 점을 집중 공격한다.

적이 명장의 공격을 막지 못하는 이유

허실편(虛實篇) 2-3

은밀하거나 신기하거나

명장이라 불리우는 자들의 진수란 무엇인가? 「손자」는 그것을 「은밀하고 은밀하여 형태가 없음에 이른다」, 「신기하고 신기하여 소리가 없음에 이른다」는 2개의 문장으로 표현한다.

「미微」라는 것은 미세하다는 의미로, 끝까지 파고들면 형태가 없어진다. 한편, 「신神」이라는 것은 인간의 지혜로 헤아릴 수 없다는 의미로 끝까지 파고들면 말로 할 수 없다, 소리가 없다. 미세한 것부터 파악해서 인간의 지혜를 뛰어넘는 수준까지 생각한다 — 그것이 명장의 진수이고 적의 운명까지 좌지우지 한다고 말한다.

명장은 무엇을 할 수 있는가

이와 같이 철학적인 내용에 대해 말하는 한편, 구체적인 전술론에 대해서도 말하고 있는 것이 「손

孫子兵法 | 적이 명장의 공격을 막지 못하는 이유

명장이 항상 이길 수 있는 것은, 상대의 예상을 매번 뛰어넘기 때문이다.

【 명장의 전략이란? 】

항상 상황을 완전히 파악하고, 상황에 맞게 가장 어울리는 행동을 한다

적은 그 행동을 미리 파악할 수 없다.

【 유능한 지휘관의 행동 】

멀리까지 원정을 가도 군대가 지치지 않는 것은 ⟶ 적이 없는 길을 골라 가기 때문에

자」이다. 지휘관이 해야 할 여러 가지 일에 대해서도 설명하고 있다. 병사들을 지치게 하지 않고 멀리까지 원정 보내기 위해서는 적이 없는 길을 골라 가면 된다.

상대의 방어를 돌파하고 싶다면 적이 지키지 않는 곳, 혹은 약점이 있는 곳을 공격하면 된다. 물러갈 때 적에게 쫓기고 싶지 않다면, 적보다 빨리 움직이면 된다. 각각 단순하지만 그것을 성공시키는 것이 명장이라고 말하고 있다.

보충

「허」와 「실」이라는 것은 무엇일까

그럼, 이 허실편의 제목인 「허」와 「실」이라는 것은 과연 무엇일까? 일반적인 의미로 「허」라는 것은 「텅 비다」 혹은 「공허」 등의 의미로 존재가 흐릿해진다는 뜻이 있고, 「실」이라는 것은 그 반대로 「실체」나 「사실」 등 존재가 명확해 진다는 뜻이 있다.

하지만, 「손자」의 해석 중에서는 다른 해석이 있어서, 어떤 해석에는 「허」라는 것은 준비가 없이 틈이 있는 것을 의미하고, 「실」이라는 것은 충분한 준비가 되어 있다는 것을 의미한다고 설명하고 있다.

공격한 것을 반드시 빼앗는 것은	➡ 적이 방어하지 않는 곳을 공격하기 때문에
지킬 것을 반드시 유지할 수 있는 것은	➡ 적이 공격하지 않는 곳을 지키기 때문에
진격할 때 상대의 방어를 돌파할 수 있는 것은	➡ 허(약점)를 공략하기 때문에
물러날 때 공격받는 법이 없는 것은	➡ 이동속도가 빨라 상대가 따라 올 수 없기 때문에

그 외에도
- 싸우고 싶을 때는 상대가 문을 굳게 닫고 있어도 유인해 내야 한다.
- 그러나 상대가 싸우고 싶어하지 않을 때는 아군이 선을 긋는 것처럼 간단하게 진영을 쳐도 방어가 가능하고, 상대를 목표로부터 멀리 떨어지는 것이 가능하다.

 ## 전력의 집중과 분산

분산시켰으면 적을 공격하라

전력의 크고 작음이 전쟁에 있어 큰 요인이 되는 것은 이미 설명했지만, 작전에 따라 그 차이를 완전히 뒤바꿀 수 있다. 그 중 하나가 여기에서 설명하고 있는 내용이다.

　예를 들어, 아군의 정보는 적군에게 알려지지 않은 상태에서 상대의 정보는 확실하게 공개되어 있다 – 이런 상황을 만든다면, 적은 반드시 어떻게 하면 좋을지 몰라 군대를 분산시킬 것이다.

　그것을 집중된 전력으로 각각 격파한다면, 적의 큰 전력이라는 요소를 작전이라는 다른 요소로 물리치는 것이 가능하고, 적군과 아군의 숫자가 같다면 더더욱 쉽게 이길 수 있을 것이다.

모든 것을 지키려하면 모든 것이 약화된다

또, 정보를 숨기는 것에는 또 다른 의미가 있다. 이렇게 하면 적이 생각할 때, 어디에서부터 공격

 ## 전력의 집중과 분산

전력의 크기는 물론 중요한 것이지만 수가 작아도 집중을 잘 시키면 그 차이를 뒤집을 수 있다.

【 대군과 싸우기 위한 방법으로 】

아군의 배치나 행동은 노출되지 않게 하고 상대를 생각대로 유도하면 된다.
예를 들어

아군 ➡️  적　　하나를 열로 분산시킨다.

해 올지를 모른다면, 어디를 지켜야 좋을지 모른다는 말도 된다. 정보를 손에 넣지 못한 채 어딘가를 중점적으로 지키려고 한다면 다른 곳의 약점이 노출되고, 전부를 지키려고 한다면, 결국 전부 약해진다.

그리고 그 때문에 지휘관이 꼭 알아두어야 할 것이 전쟁은 언제, 어디에서 일어날 것인가 – 라는 정보다. 그것을 파악하는 것이 가능하다면 주도권을 가지고 적과 싸울 수 있고, 그것이 불가능하다면 앞서 설명했듯이 전력을 유효하게 활용하는 것이 불가능할 것이다.

> **에피소드**
> ### 방어 중심지에 집중에 패한 마지노선
> 제2차 세계대전 무렵, 프랑스는 강대한 전투부대와 광대한 방위라인 – 마지노선으로 많은 나라 중에서 강대국으로 꼽혔다. 그런데 실제로는 전쟁이 시작되자, 독일군은 뜻밖에도 프랑스군을 쉽게 물리쳐 전선을 돌파하고 파리를 점령해 버린다.
> 여기에는 전력을 분산한 프랑스와 전력을 집중전차의 집중운용으로 마지노선을 돌파한다. 전격전한 독일과의 차이가 있다. 독일은 「손자」에서 주장하는 전술을 잘 활용한 것이다.
> 실제로 독일군은 구데리안 장군의 전차 부대를 앞세워 강력한 마지노 방어선을 우회하여 네덜란드와 벨기에 쪽으로 이동하여 빠른 돌파로 프랑스의 후방을 공격하여 항복을 받아냈다.

3장 명장은 기세와 타이밍을 이용한다

만약 아군의 전력이 밀려도 상대가 전력을 분산시키면 아군은 집중시킨 전력으로 대항하면 이길 수 있을 것이다.

반대로
어딘가를 중점적으로 지킨다면 다른 곳은 약해진다. ➡ **전체를 지키려고 하면 전체가 약해진다.**

그렇기 때문에
전쟁이 일어나는 장소와 시간을 아는 것이 군대를 움직이는데 중요하다.

※ 베트남전에서 미군이 패한 이유는 노출되지 않는 북월맹군과 노출된 미군의 차이에서 비롯되었다.

손자병법

병(兵)의 형태
허실편(虛實篇) 5-6

지휘관이 해야 할 네 가지

지금까지 내용을 살펴보면, 「손자」는 지휘관이 해야 할 것을 다시 한번 정의하고 있다.

하나, 상대가 무엇을 노리고 있는지를 간파하는 것 - 영토인지, 단순히 우리측 군대에 피해만 입히는 것인지, 아니면 또 다른 목적이 있는 것인가? 그것의 각각, 대처법은 다르다.

둘, 상대를 도발하는 것 - 무턱대고 성내는 자와 도발을 무시하고 꼼짝도 하지 않는 자는 감추고 있는 의도가 다르다.

셋, 상대를 유도하는 것 - 생각하는 대로 상대를 움직이게 하면 자동적으로 상대의 약점도 알게 된다.

넷, 위력을 정찰하는 것 - 정보의 중요성은 말할 것도 없다.

병의 형태

진의 배치나 군대의 움직임을 관찰하면 그 지휘관의 의도를 읽을 수 있고, 역설적으로 그것으로부터 병사를 움직이는 궁극적 의미를 알 수 있다.

상대의 목적을 간파하라 ➡ 어떤 전략이 유효한지 알 수 있다.

상대를 도발해라 ➡ 어떻게 반응하는가에 따라 의도를 알 수 있다.

상대를 유도하라 ➡ 약점이나 노려야 할 곳을 알 수 있다.

위력정찰을 하라 ➡ 적의 주력이나 약점의 위치를 알 수 있다.

(위력정찰이란 - 실제 소규모 전투를 하면서 적의 통태를 파악하는 것)

극한에 이르면 무형(無形)에 이른다

하지만 이것은 적도 생각하고 있는 것으로써 그들도 이쪽의 상황을 살피려고 할 것이 뻔하다.

그렇기 때문에 「손자」는 전쟁의 형태나 병사들의 움직임 등에 대해 알고 싶다고 생각하면 결국에는 형태를 만들지 않는 것에 이른다고 주장한다. 그렇다면 상황의 변화에도 곧바로 대응할 수 있고, 상대가 움직임을 파악하려고 해도 알 수 있는 것은 표면적으로 「동쪽으로 이동했다, 서쪽으로 이동했다」 정도로 거기에 숨겨진 진짜 의도는 읽을 수 없게 된다. 이것을 다시 정리하면 「그 전투에서 이겼지만 그런 전투는 반복되지 않는다」 - 같은 전술을 2번 사용하지 않는다는 말이다.

미니지식
진형 이야기

이와 같이 「손자」는 무형의 강함을 주장했지만 실제로는 손자의 시대에는 현재 우리가 상상하는 것과 같은 확실한 진형은 존재하지 않았고, 그 뒤에 발명된 것이 아닌가 추측하고 있다. 그런 진형 중에서 특히 유명한 것은 명장 이순신의 변화무쌍한 「어린진(魚鱗陣)」과 「학익진(鶴翼陣)」이다. 전자는 물고기의 비늘을 본 뜬 마름모꼴의 진형이고, 작은 병력을 집중시켜 적을 돌파하는 데 적중했고 후자는 학이 날개를 편 형태로, 숫적으로 불리한 전력으로 적을 포위하는데 적합하다. 학익진은 이순신의 전술로도 유명한데 명량에서 13척으로 왜군 133척을 상대하며 절대적 열세에서 학익진으로 유인하여 포위, 대군을 격파한 사실은 어린진과 학익진을 자유자재로 구사한 이순신의 놀라운 진형의 구사이다.

이런 점은 적도 이미 알고 있기 때문에

【 실천법 】

병사를 움직이는 것의 궁극적 의미는 **무형(=형태를 만들지 않는다)**에 있다.
- 상대의 행동에 유연하게 반응할 수 있다.
- 상대는 이쪽의 움직임을 읽을 수 없다.

적은 표면적으로 무엇을 하는지는 알 수 있어도 아군의 의도는 읽을 수 없다.

손자가 말하길, 「같은 전술은 두 번 쓰지 않는다」

군대는 물과 같이 움직여야 한다

「물의 움직임」이란?

「허실虛實」이 하나로 섞인 전술, 상황의 변화에 대응하는 임기응변의 전술로서 「무형」의 전술을 주장한 『손자병법』 그것이 군대 움직임의 모범이자 이상으로 꼽는 것은 「물의 움직임」이다.

즉, 물이라는 것은 항상 낮은 곳으로 향하는데, 지형의 변화에 따라 흐름을 자유자재로 바꾸고 일정한 형태라는 것은 원래 가지고 있지 않다. 이것은 그대로 「손자」가 이상으로 생각하는 어떤 상황에라도 대응할 수 있는 유연한 군대이다.

 군대는 물과 같이 움직여야 한다.

군대는 행동의 궁극적 의미를 물에 비교해서 일정한 형태가 아니라 「무형」을 지향해야 한다고 가르치고 있다.

【 손자가 말하길 】

군대의 행동은 물의 움직임을 모델로 삼아야 한다.

물의 움직임	군대의 행동
 높은 곳을 피하고 낮은 곳으로 흐른다.	적이 저항하는 정면은 피하고 약점을 노린다.

임기응변으로도 잘 움직이는 군대

그럼, 물의 움직임을 모방하는데 성공한 군대는 어떻게 움직일까?

즉, 물이 높은 곳을 향하지 않는 것처럼 만만의 준비를 한 정면이나 요새는 노리지 않고 물이 복잡한 지형에 대응하는 것처럼 각 상황에 따라 행동을 바꾸는 것이고, 물이 본래의 형태를 가지지 않는 것처럼, 천태만상의 형태를 가지고 적을 공격하는 것이다. 이러한 것은 또한「손자」의 사상 – 항상 바른「형形」이나「형型」등은 존재하지 않고 그 때의 상황을 중시하지 않으면 안 된다는 것을 표현하고 있다.

> **미니지식**
> ### 고대 중국의 사상가와 물
> 손자뿐만 아니라, 고대 중국의 많은 사상가들은「물」을 예로 들어 많은 사상을 주장해 왔다. 유가의 대표격인 공자는「물이여 물이여」라고 물을 칭송했고, 마찬가지로 유가의 맹자는 멈추지 않고 콸콸 솟아오르는 샘과 인간으로써 근본적인 모습을 확립한 이상적인 인간을 비교했다. 또한, 묵가(墨家)의 장자는「상선약수」물이야 말로 사람의 삶에 최고의 선이다 라고 말해서, 낮은 곳으로 흐르는 물의 움직임에서 겸하(謙下) – 겸손의 이상으로 보았다.

 지형의 변화에 따라 흐름을 바꾼다. 승리를 얻기 위해 적의 동태에 따라 움직임을 바꾼다.

 일정한 형태가 존재하지 않는다. 변하지 않는 형태는 없고 상황이나 조건에 따라 다르다.

절대적으로 바른 하나의 전법이라는 것은 존재하지 않고, 물이 움직이는 것처럼 상황에 맞게 행동해야 한다.

※ 한국전쟁 당시 들어온 중공군은 초기의 전술이 물의 흐름을 활용한 전술이었다.「인해전술」이라고 칭한 것은 나중에 유엔군 측의 이야기이다.

3장 명장이른 기세와 타이밍을 이용한다

중국의 「손자」, 한국, 일본의 「손자」

한국의 「손자」

한국의 「손자」는 일본보다 조금 이른시기에 들어온 듯하다. 통일신라말~고려초에 『손자병법』, 『육도』, 『삼략』, 북송시대 이후에는 『무경칠서(武經七書)』 같은 서적이 도입되어 문과와 무과에서 널리 사용되었던 것으로 보아 그렇다는 것이다. 그러다가 한참 후에 조선 말기로 들어오면서 유생들의 사상과 맞지 않는다고 해서 거의 버려진 병서로 취급되었다가, 한국전쟁 이후 소생되어 작금에 이르러서는 군대는 물론 기업의 비즈니스 활용서로 각광받고 있다.

참고로 미국의 사관학교인 웨스트포인트에서는 손자병법의 책이 영문으로 번역되어 교과과정 속에 포함되어 있다는 점은 주목할 만 하다.

중국의 「손자」

고대중국의 춘추전국시대, 「손자」는 폭 넓게 읽히고 있다. 하지만 그 후 시대가 변하면서 「손자」는 중국에서 잊혀져 갔고 별로 중요하지 않는 서적 중 하나로 취급되었다.

그 원인은 중국사회에서는 빠르게 전투계급 – 무인계급이 몰락했고, 그 결과로 정치를 주도한 것이 무인이 아닌 과거 등으로 선발된 문관이었기 때문이다. 그런 문관들은 자신의 행동지침을 유가의 서적에서 찾으려 했으며, 「손자」와 같은 병법서는 중시하지 않았다.

그 때문에 세계적으로 주목 받은 서적이면서도 현대 중국에서는 「손자」의 지명도는 높지만은 않고, 같은 병법서 중에서는 오히려 『병법삼십육계(兵法三十六計)』가 사람들의 입에 자주 오르내리며, 민간인들이 친숙하게 읽고 있다. 마오쩌둥 등은 「손자」를 참고했다고는 하지만 이것은 특수한 사례에 속할 것이다.

일본의 「손자」

일본은 헤이안(平安)시대 쯤에 중국으로부터 들여왔다고 볼 수 있다. 그 이유는, 무인계급이 일본에서는 무사라는 형태로 계속해서 이어져 왔기 때문이다. 그렇더라도 일본에서 「손자」가 본격적으로 군사에 이용된 것은 전국시대 무렵이었다고 한다. 이 시기부터 일본의 전쟁이 무사끼리의 개인전으로부터 졸병이 등장함에 따라 본격적인 집단전으로 전환되어 갔으며, 그 중에서도 「손자」가 주목받기 시작했다.

게다가, 그 전국시대가 끝나고 천하태평의 에도시대가 문을 열자 연구가 가속화 되었다. 평화와 병법이라는 것은 전혀 어울리지 않을 것 같지만, 어디까지나 무사계급 지배 아래에서의 평화였기 때문에 전국시대의 축적된 군사지식을 「병학(兵學)군학(軍學)」이라는 형태로 체계화 하려는 움직임이 일어났다.

다만, 시대가 근대로 변해오는 중에도 근대적인 병학에 압도당해 「손자」를 배우려는 움직임은 점점 줄어들었다. 권위를 회복한 것은 전쟁 후에 교양서에 대한 붐이 일면서부터이다.

4장

정보는 득과 실의 종결자

군쟁편(軍爭篇) ~ 지형편(地形篇)

군을 통솔하는 어려움
군쟁편(軍爭篇) 1

「군쟁(軍爭)보다 어려운 것은 없다」

군쟁편의 서두에서 「손자」가 말하는 것은 「군쟁보다 어려운 것은 없다」 - 즉, 군을 움직이는 것보다 어려운 것은 없다는 지적이다.

　예를 들어, 선수를 쳐서 적보다 우위의 상황에 있으므로 가능한 한 빨리 군대를 움직이고 싶다는 경우를 가정해 보자. 이 때, 물자가 적은 부대만 먼저 전장에 보내면 확실히 선수를 칠 수 있을지 몰라도 본부대가 습격 당해서 중요한 물자를 빼앗길지도 모른다. 그래서 전체부대를 이동시키려고 하면, 이번에는 부대의 이동이 둔해져서 적에게 선수를 빼앗길 가능성이 있다.

「우직(迂直)의 계(計)」를 알라

게다가, 가장 좋지 않은 경우는 강행군을 해서 적보다 빨리 움직이려고 하는 경우다. 그 결과로

 ## 군을 통솔하는 어려움

「군쟁」이라는 것은 「군을 움직인다」는 의미. 「손자」는 이 군쟁의 어려움과 이때의 마음가짐에 대해 이야기 한다.

【 우직의 계를 아는 자는 선수를 칠 수 있다 】

 자신은 우회로를 이용해 상대가 행동을 파악하지 못하게 한다.

＋

 상대의 진로를 방해해서 최단 코스를 이용하지 못하게 한다.

↓

**상대의 동태를 완전히 파악한 뒤에 그것을 이용하지만,
자신의 상황은 상대가 파악하지 못하게 하는 것이 가장 이상적이다.**

장비나 물자, 식량 등을 잃은 군대의 운명은 멸망 밖에 없다.

그럼, 어떻게 하면 군대를 잘 움직일 수 있을까? – 그 해답으로「손자」가 제시하는 것이「우직의 계」다.「우」라는 것은 우회 – 돌아간다의 의미를 가지고 있고「직」이라는 것은 직진의 의미를 가지고 있다. 즉, 자신은「우」회로를 통해서 상대에게 그 진로를 숨기고, 상대에게는 소규모 별동대 등으로 방해하여 직진 코스를 이용할 수 없도록 방해한다. 이것이 군쟁의 이상적인 모습이다.

보충

「근심을 가지고 이득을 보다」

본문에서는「우의 계」를 채택하고 있지만,「손자」에서 그것과 짝을 이루는 말로 채택된 또 하나의 군쟁 요소가 칼럼의 제목인「근심을 가지고 이득을 본다」– 즉, 재난을 이익으로 바꾼다는 말이다. 병사를 움직이는데 있어서 여러 가지 불리한 사정이 발생할 것이다. 하지만, 그것을 절대적으로 불리하다고 생각하지 말고, 반대로 유리한 점을 생각해 보는 것이 중요하다는 가르침이다.

【 선수를 치고 싶을 때는 】

군대 전체가 움직인다.	짐이 간소한 부대만 움직인다.

발이 느린 보급부대 등이 있기 때문에 때를 맞출 수 없다?	본부대에 남아있는 물자를 잃을 수 있다?

무리한 강행군으로 군대를 움직이려고 하면 병사가 이탈하는 등 손해가 크다.

**특히 장비나 연료, 식량, 자재 등이 없는 군대는
그 이유만으로 선수를 친다고 해도 반드시 몰락하게 된다.**

풍림화음산뢰(風林火陰山雷)

군쟁편(軍爭篇) 2-3

주의사항과 이상적인 수단

주변의 여러 세력이 무엇을 생각하고 있는지를 아는 것, 진행 루트의 지리를 아는 것, 토착인의 안내를 찾는 것 – 이 세 가지는 군대의 이동을 원활하게 하기 위한 구체적인 주의사항이다.

　게다가 그것과 또 다른 형태로 군대를 움직이기 위한 방법을 설명하고 있는 것이, 손자의 말을 본떠서 일본의 타케다 신겐武田信玄이 깃발에 글로 써서 유명해진 말「풍림화산」의 근원이 된「풍림화음산뢰」이다. 요컨대 자연현상에 맡기는 형태로 변화와 리듬이 있는 이상적인 군대의 움직임을 제시하고 있다.

孫子兵法 풍림화음산뢰

앞서 일본의 장수 다케다 신겐이 사용했던 것으로 잘 알려진「풍림화산」의 근본이 된「풍림화음산뢰」는 군쟁과 관련된 말로 등장한다.

【 군사 행동의 세 가지 본질 】

1. 「**사**」 상대를 속이는 것을 기본으로 하고
2. 이익이나 손해를 **계산**해서 움직이고
3. 병력을 집중하거나 분산하거나 하는 것으로 **임기응변**에 대응한다

군쟁(軍爭)의 본질이란

물론, 「손자」가 말하는 것은 주의사항이나 이상적인 방법의 제시뿐만 아니다. 군대의 움직임에 대한 본질을 세 가지로 정리하고 있다. 그것은 우선 「사詐」 상대를 속이는 것이고 「이利」 이익이나 손해 등 여러 가지 요인을 계산하는 것이고, 「분합分合」 병력을 집중하거나 분산하는 등 군사를 자유자재로 부리는 것 이다.

이상의 주의사항, 이상적 수단, 본질은 각각 다른 상황을 가정하고 있지만 잘 비교해 보면 거기에는 모두 공통된 요소가 있다. 그것은 상황에 따라 「이利」와 「해害」를 파악하라는 것이다.

미니지식

왜 「풍림화산」이 되었을까?

위에서 기술한 것과 같이 「손자」가 기술한 것은 「풍림화음산뢰」인데, 전국시대의 명장 타케다 신겐이 깃발에 쓴 것은 「풍림화산」이었다. 왜일까? 「음」과 「뢰」가 여기에 빠져버린 것이다.

왜 이와 같은 일이 벌어졌는지 여러 가지 설이 있는데, 신겐은 「음」과 「산」의 순서가 반대로 되어 있는 「손자」의 사본을 입수하여, 처음 4글자를 선발했다라든지, 신겐은 「음」이라는 글자를 싫어해서 그것에 맞춘 형태의 「뢰」도 빠진 것이다라는 이야기도 있다.

【 구체적으로 어떻게 움직이는가 】

손자가 말하길, 그것이 「풍림화음산뢰」이다.

빠르기는 바람과 같이,	➡	움직일 때는 바람처럼 빠르게
고요함은 숲과 같이,	➡	나아갈 때는 숲처럼 당당하게
공격은 불과 같이,	➡	습격할 때는 불과 같이 격하게
은폐는 어둠과 같이,	➡	작전을 감출 때는 구름 낀 하늘처럼 조용히
묵직함은 산과 같이,	➡	대기하고 있을 때는 산과 같이 움직이지 말고
움직임은 번개와 같이	➡	공격을 하기로 했으면 번개처럼 기세 좋게

결론은

어떤 상황에서도 군대는 상황의 「이」와 「해」를 파악하고 행동해야 한다는 것이다.

정보전달의 중요성과 병사들의 사기(士氣)

군쟁편(軍爭篇) 4

정보전달을 중요하게 생각하라.

군대를 지휘할 때에 잊기 쉬운 작은 실제로는 큰 영향을 미친다 것에 주목하는 것이 『손자병법』의 특징이라고 할 수 있다. 그 특징 중 하나가 「지휘관의 명령이 군대 곳곳에 전달되어 지는지 아닌지」 – 즉, 정보의 전달이다. 평소라면 지휘관이 말을 하면 그 의사를 전달하는 것은 가능하지만 전쟁의 혼란상황에서는 그렇지 않다. 시끄러운 소리나 연기가 의사소통을 방해하기 때문에 그 상태에서도 지시를 각 부대에 전달할 수 있도록 여러 가지 도구를 사용해 정보를 전달할 필요가 있다.

병사의 사기는 변화한다.

그리고 또 한 가지, 병사들의 사기에도 「손자」는 주목해서 이렇게 주장한다. 「아침의 기운은 날카

 정보전달의 중요성과 병사들의 사기

군대를 움직이는데 있어서 구체적인 문제가 되는 「정보전달」과 「사기」에 대한 것을 소개하고 있다.

【 정보전달 】

전쟁에 있어서 가장 중요한 것 중 하나로 「지휘관의 의사가 곳곳에 전해지는가 아닌가」가 있다.
하지만 전쟁의 혼란상황에서는 지휘관의 뜻이 전달되지 않아 전쟁의 혼란한 상황에서는 다른 부대의 움직임도 보이지 않게 된다.
낮의 전투에서는 깃발, 밤의 전투에서는 북이나 횃불을 많이 사용해서 장병의 주의를 한 곳에 집중시킬 필요가 있다. ※ 20세기에 들어와서도 중공군은 나팔과 꽹과리를 사용했다.

롭고, 낮의 기운은 게으르고, 저녁의 기운은 돌아간다」 - 즉, 아침에는 기력이 넘쳐 흐르지만, 점심이 되면 게을러질 기미가 보이고, 밤에는 고향을 생각하며 안절부절 못하게 된다는 것.

이와 같이 병사들의 마음은 시간에 따라 좌우되고 그 외에도 멀리 원정을 와 있는 경우나 보급이 충분한 경우와 그렇지 않은 경우 등에도 변할 수 있다. 이와 같은 사기진작의 문제에도 신경을 쓸 수 있는 자야 말로 우수한 지휘관이라고 할 수 있다.

에피소드
소용돌이 같은 진격(進擊)을 막아내다.

① 중국의 삼국시대. 유비가 이끈 촉나라의 군대가 오나라에 쳐들어간 적이 있었다. 이 전쟁의 계기는 유비의 의형제 관우가 살해됨에 따라 일어난 것인데 복수에 불타는 그 기세는 섬뜩했다. 이리하여 일방적으로 쫓기게 된 오나라의 운명을 쥐게 된 것은 젊은 명장 육손이었다. 그는 신중한 전술로 촉나라 군의 공격을 잘 막아내면서 기회를 기다렸다. 그리고 긴 원정으로 촉나라의 병사들이 지친 틈을 노려, 화공으로 대승리를 거둔 것이다. 이것이 이릉 전투이다.

② 제2차 세계대전 당시 독일군은 구소련의 광대한 대지 깊숙이 밀고 들어갔다. 그러나 소련은 후퇴를 거듭하면서도 초토화 작전을 쓰며 스탈린그라드 방어선까지 후퇴하며 독일군을 끌어들였다. 독일군은 지쳤고 그틈을 노린 소련군은 로스토프 대회전에서 반격을 가하여 독일군에게 대승을 거두었다.

군단의 기세를 조종하는 수단

【 사기 】

장병의 사기는 시기에 따라 변하기 때문에 우수한 지휘관은 그것을 제대로 파악해서 유효적절하게 사용해야 한다.

 **아침** 기력이 있다

 **점심** 게을러진다

 **저녁** 고향을 생각한다

그 외에도 **멀리서 온 적을 기다리는 것이나 보급을 충분히 해서 굶주린 적을 공격하는 것도 이런 사기의 문제와 관련 있다.**

손자병법 117

 # 군사를 부리는 요점
군쟁편(軍爭篇) 5

지리적 조건을 염려하라

「손자」 13편에 딱 중간에 있는 7번째 장에 있는 군쟁편의 마지막에, 지금까지 말해온 『손자병법』의 정리를 「용병의 요점」이라고 한다. 그것은 다음과 같은 것이다.

우선, 높은 곳을 차지하고 있는 적을 공격해서는 안 되고, 고개를 등지고 적을 공격하는 것도 안 된다. 이것이 뜻하는 바는 지리적인 조건이 때에 따라 전력 차이를 뒤바꿀 정도로 중요한 요소가 된다는 의미이다. 이 부분은 뒤에 지형편이나 구지편에서도 반복해서 말하기 때문에 「손자」가 특히 중시하고 있음을 알 수 있다.

적의 전략을 간파하고 필요 이상으로 추궁하는 것은 금지

게다가, 쏜살같이 도망가고 있는 것처럼 보여서 계획적으로 후퇴하고 있는 적이나 공격하기 쉬

군사를 부리는 요점

군쟁편의 마지막에 지금까지의 내용을 정리한 해설이 있다. 그것이 군사를 부리는 요점이다.

【「손자」에서 말하는 군사를 부리는 요점이란 】

- 높은 곳을 차지하고 있는 적을 공격해서는 안 된다.
- 언덕을 등지고 적을 공격해서는 안 된다.

➡ 지형은 싸우는데 있어 매우 중요한 의미를 가진다.

운 작은 부대처럼 보이는 미끼를 공격해서도 안 된다. 상대의 전략에 빠지면 생각대로 움직일 수 없기 때문이다.

그리고, 귀환하는 적 앞을 가로막고 적을 틈없이 포위하거나 절체절명에 빠진 적을 끈질기게 추격하는 것도 좋지 않다. 여기에는 「장점과 단점은 종이 한 장 차이」라는 「손자」의 가르침이 있다. 쫓기는 적은 그것을 장점으로 반전시켜, 맹렬히 공격해 올 것이기 때문에 위험해질 수 있기 때문이다.

보충

군쟁편인가? 구변편(九變篇)인가?

이 내용을 군쟁편의 마지막으로 생각할 것인가, 아니면 구변편의 처음으로 생각할 것인가에 대해서는 여러 가지 설이 있다. 전자로 생각할 경우에는 위에서 설명한대로 여기까지의 내용을 정리했다고 생각할 수 있고, 후자의 경우는 「구변」의 일부로 생각할 수 있다.

- 도망가는 척을 하고 계획적으로 물러나는 상대를 공격해서도 안 된다.
- 적이 내놓은 미끼에 걸려들어서도 안 된다.

➡ 적의 전략에 빠져서는 안 된다.

- 귀환하는 적의 진로를 막으면 안 된다.
- 적을 포위했다면, 한 곳은 도망갈 수 있도록 장소를 열어둔다.
- 궁지에 몰린 적을 필요 이상으로 공격해서는 안 된다.

➡ 유리한 상황이 반드시 좋다고 할 수 없기 때문이다.

지금까지 말한 내용을 일괄 정리

「손자」를 활용한 주요 인물들
- 병법관련 1 -

중국(中國)
울요(尉繚)

- 생몰(生沒) ? ~ ?
- 별명(別名) 불명(不明)
- 출신(出身) 제(齊)? 위(魏)?

위나라의 혜왕을 섬기고 있었다. 진나라의 시황제를 섬기고 있었다. 등의 설은 있지만 대부분 수수께끼에 쌓여있는 인물. 전국시대에 씌어진「무경칠서」중 하나「울요자」의 저자이다. 이 책은「손자」등 다른 병법서의 영향을 바탕으로, 폭 넓은 내용을 다루고 있다.

중국(中國)
오기(吳起)

- 생몰(生沒) ? ~ 기원전 381년?
- 별명(別名) 불명(不明)
- 출신(出身) 위(衛)

중국의 춘추전국시대 병법가. 공자의 제자 증자에게 학문을 배웠다. 그 후에는 위나라나 초나라 등을 전전하며, 국정에 관여했다. 초나라에서는 귀족의 권력을 죽이고 왕의 권력을 강하게 하는데 성공했지만 왕이 죽자 곧 반란이 일어나 살해당한다. 그의 저서『오자』는『무경칠서』중 하나로,「손자」와 어깨를 겨루는 유명한 병법서이다.

기타(其他)
클라우제비츠

- **생몰(生沒)** 1780년 7월 1일 ~ 1831년 11월 16일
- **별명(別名)** 칼 필립 고트프리드 폰 크라우제비츠
- **출신(出身)** 프로이센 왕국 마그데부르크 근교 브루크

프로이센의 군인. 12세 남짓한 나이에 군대에 들어가 성인이 된 뒤에는 육군 사관학교에 입학. 1806년 예나 전에서는 나폴레옹 군의 포로가 된다. 나폴레옹에게 패배한 것이 그의 사상에 큰 영향을 미쳐, 해방 후에는 군의 개혁에 팔을 걷고 나선다. 육군대학 교장 등 요직을 사임하면서, 근대화와 이론체계의 확립을 세운다. 그가 저술한 『전쟁론』은 서양의 군사서로서는 가장 유명하며, 「손자」와 어깨를 나란히 한다. 아마도 「손자」를 읽었을 것이다.

기타(其他)
리델하트

- **생몰(生沒)** 1895년 10월 31일 ~ 1970년 1월 29일
- **별명(別名)** 써 베이질 헨리 리델 하트
- **출신(出身)** 프랑스 파리

영국의 군사평론가. 육군사관으로 제1차 세계대전에 종군(從軍) 했지만 성과는 남기지 못하고, 상처만 안고 본국으로 송환된다. 전선에서 물러나 교관으로 근무하다가 퇴임한다. 그 후에는 문필가로 이채로운 활동을 펼치고, 많은 군사관련 서적을 저술한다. 리델은 「손자」를 「추종을 허락하지 않는 병법서」라고 칭찬하고, 대표작 「전략론」에 인용하고, 프랑스어로 번역한 「손자」에는 추천문을 실을 정도였다.

# 구변(九變) 아홉가지의 변화 에 맞서다
구변편(九變篇) 1-3

지형에 대한 5가지 지침

구변편은 그 이름대로 9개의 응변 상황의 변화와 대응 에 대해 이야기 하는 것으로 시작한다.

　처음 5가지는 지형에 따라 대응하기 위한 지침이다. 발붙이기 좋지 않은 「이 긴나무를 걸쳐놓고 흙을 덮어만든 다리」에서 머물러서는 안 된다. 교통의 요충인 「구 네거리, 큰거리」에는 여러 세력이 있기 때문에 우호관계를 만들어야 한다. 높고 험한 땅인 「절」에 머물러서는 안 된다. 산에 둘러싸인 계곡이나 협곡, 분지 즉 「위」에서 적에게 포위당할 위험이 있기 때문에 곧바로 탈출해야 한다. 도망갈 곳이 없는 「사」, 즉, 필시 죽게 되었을 때에는 이제 필사적으로 싸울 수밖에 없다.

 ## 구변 즉, 아홉가지 변화에 맞서다

하나하나가 처한 상황에 대한 지침을 아는 것이 중요한데, 또 그것만 알고 임기응변을 잊어 버리는 것은 좋지 않다.

【 지형(地形)에 대응하기 위한 지침 】

1. 이지(圮地) (=발 붙이기 좋지 않은 장소)에서는 머무르지 않는다.
2. 구지(衢地) (=도시 교통의 중요지점)에서는 주위 세력들과 우호관계를 맺는다.
3. 절지(絶地) (=높고 험한 장소)에는 장기간 머무르지 않는다.
4. 위지(圍地) (=주위를 산이나 고개가 둘러싸고 있는 장소)에서는 적에게 포위당하지 않도록 탈출한다.
5. 사지(死地) (=적을 앞에 두고 도망갈 곳이 없는 장소)에서는 죽기 살기로 필사적으로 싸울 수 밖에 없다.

4가지의 예외와 하나의 정리

다음의 4가지는 응용편이라고 해도 좋을 내용이다. 즉,「길」과「적」과「성」과「토지」라는 4가지 요소에 대해서 각각 예외가 존재한다는 내용이다.

여기에서 말하는 것은 지침과는 별개로, 전쟁의 상황이라는 것은 늘 변하기 때문에 예외가 발생하는데 임기응변으로 대처하라는 뜻이다. 이것을 강조하는「손자」는 10번째 문장을 이어간다. 군주의 명령이라도 무조건 '예스'는 안 되는 것이 있다고 말한다. 이러한 것을 이해하고 있는 자야 말로 우수한 지휘관이다.

미니지식

구변의 해석

이 구변의 해석에 대해서는 예부터 많은 설들이 전해져 내려왔다. 구변의 문장 앞에 붙는 한 문장이나 구변의 중간에 4가지가 다른 장에서도 나온다거나, 문장을 그대로 해석하면 요소가 9가지가 아닌 10가지가 된다던지, 어려움과 의문점이 많기 때문이다. 그러므로 다른 부분으로부터 문장을 옮겨왔다는 등 많은 설들이 있지만, 현재는 마지막의 한 구절「명령이라도~」는 특별한 예가 있기 때문에 정리하는 내용으로 해석되는 설이 유력하므로 사본과는 다르지만 채택했다.

【 임기응변에 대처해야 하는 경우 】

6 도(道)에는 경유(經由)해서는 안 되는 길이 있다.
7 적(敵) 중에는 공격해서는 안 되는 적이 있다.
8 성(城) 중에는 공략해서는 안 되는 성이 있다.
9 토지(土地) 중에는 싸워서는 안 되는 토지가 있다.
이런 경우
10 군주(君主)의 명령이라도 따라서는 안 되는 명령이 있다.

전장의 다양성과 변화(=구변)를 아는 지휘관이야 말로 병사를 다루는 법을 이해하고 있다고 할 수 있다.

지혜로운 자는 이득과 손해, 양면을 들여다 본다

구변편(九變篇) 4-6

이득 뿐 아니라, 손해 뿐 아니라.

전쟁의 상황은 보통 복잡하게 변하기 때문에 고정된 지침만으로는 대응할 수 없다. 그것을 안 「손자」가 주장하는 것이 「지혜로운 자의 생각은 반드시 이해利害를 계산한다」 — 즉, 현명한 지휘관이란 항상 모든 것에 「이利」와 「해害」의 양면을 생각하고 어느 쪽으로도 치우침이 없는 인물이라는 것이다.

예를 들어, 본부대에서 떨어져 있는 소수의 적이(利)을 공격하는 사이, 그것이 함정일 가능성해(害)을 생각해 보면, 그 후 전쟁을 유리하게 이끌어 갈 수 있다. 한편, 압도적인 대군과 싸울 때 해나 적의 약점이(利)을 파악할 수 있다면 어려운 문제라도 해결할 수 있을 것이다.

지혜로운 자는 이득과 손해, 양면을 들여다 본다

많은 것들이 그런 것처럼 전쟁에도 양면성이 있다. 그것을 바르게 파악할 수 있는 자야말로 현명한 지휘관이다.

「손자」가 말하는 「지혜로운 자」란 어떤 존재인가?

그것은 항상 모든 것의 「이」와 「해」를 생각하고 치우치지 않는 인물

    목표를 달성할 수 있다.

양면을 생각하는 것을 응용

이런 것을 곰곰이 생각해 보면 전쟁의 원칙이라는 것은 즉,「적이 오지 않을지도 모른다」고 하는 좋은 면과「적이 올지도 모른다」는 나쁜 면, 양면을 항상 생각하고 어떤 상황에서도 만전을 기해 대응하도록 평소에 준비해야 한다는 것이다.

한편,「손자」는 이것을 응용한 주변의 많은 세력을 이용하는 법도 소개하고 있다. 즉, 상대를 굴복시키고 싶을 때는 해가 되는 정보_{아군의 기세 등}을 흘려서 상대를 이용하고 싶을 때는 반대로 이가 되는 요소_{지원 등}을 보여 자유자재로 이용하면 된다.

미니지식
「준비만 되어 있으면, 걱정할 것이 없다」고 할 수 있는가?

이 내용과 누차 연결지어 말하는 것이「준비만 되어 있으면 걱정할 것이 없다」-『춘추좌씨전』에 기록된 유명한 경구(驚句)이다. 준비를 갖추고 있으면 걱정할 것이 없다는 의미로 직접적으로 준비의 중요성을 주장하고 있는 것이다. 얼핏 보면 비슷하지만,「손자」의 사상은 여기에서 한 발 앞서 있다고 할 수 있다. 단순히 준비를 하라는 것이 아니라, 온갖 상황이 일어날지도 모르니 준비를 하라는 단계를 넘어선 경고인 것이다.

해 + 이 ➡ 곤란한 것을 해결할 수 있다.

【응용 1】

다른 세력에게 겁을 주고 싶을 때
⬇
손해를 강조한다.
반대로, 생각대로 쓰고 싶을 때
⬇
이익을 강조한다.

【응용 2】

좋은 면 적이 오지 않을지도 모른다.

나쁜 면 적이 올지도 모른다.
⬇
조합해서 군비를 생각한다.

장군이 가지고 있는 5가지 위험

구변편(九變篇) 7

「필사(必死)」와 「필생(必生)」

「손자」가 주장하는 「이」와 「해」의 양면적 사고는 지휘관의 자질을 평가하는 데까지 영향을 미친다. 그것이 「장군이 가지고 있는 5가지 위험」이다. 여기서 강조되는 것은 지휘관이 가지는 미덕이 해악으로 바뀔 위험성이다.

하나, 「필사」라는 것은 지나치게 용감한 자를 두고 하는 말이다. 그 결과로 자신이 해야할 것을 잊고 돌격해서 결국 고립되어 살해당할지도 모른다.

둘, 「필생」이라는 것은 지나치게 신중한 나머지 적극적으로 행동하지 못하는 자를 두고 하는 말이다. 소극적으로 수비에만 너무 집중한 나머지 승기를 빼앗겨 결국에는 포로가 될지도 모른다.

孫子兵法 장군이 가지고 있는 5가지 위험

본래는 미덕이었던 여러 가지 장점도 정도가 지나치면 해악이 되버린다.

필사 용기가 앞서서 앞뒤 가리지 않고 돌격하는 자
  ➡ 자신의 역할을 잊고 군대 전체를 통찰하지 못한 채 살해당할 가능성

필생 지나치게 신중한 나머지 적극적으로 승부를 내지 못하는 자
  ➡ 자신의 목숨이나 군대의 전력을 지키려고 한 나머지 승기를 잡지 못하고 포위당해 포로가 될 가능성

분속 적개심이 너무 강해서 금방 냉정함을 잃는 자

「분속(忿速)」과 「염결(廉潔)」과 「애민(愛民)」

하나, 「분속」이라는 것은 적을 증오하는 마음 ― 적개심이 너무 강한 나머지 냉정함을 잃는 자를 말한다. 당장이라도 도발에 응하게 되면 군대를 쉽게 위험에 빠뜨릴지도 모른다.

둘, 「염결」이란 청렴하고 결백하지만 명예를 지나치게 중요시하는 자를 뜻한다. 명예가 걸려 있으면 다른 모든 것은 무시할 가능성이 있기 때문에 이것도 역시 위험하다.

셋, 「애민」이란 백성을 사랑하고 병사를 지나치게 소중히 하는 자이다. 이것은 좋은 것이지만 지휘관은 때로는 냉혹하게 병사를 다뤄야 할 때도 있기 때문에 이런 상황에서는 그 지휘관은 괴로울 것이다.

보충

우수하다는 것은 균형 잡힌 것이다

용감함은 중요한 것이지만 지나치게 용감하면 목숨을 잃는다. 신중함은 중요한 것이지만 지나치게 신중하면 패배한다 ― 여기서 「손자」가 주장하는 것은 장점도 단점도 정도(程度)의 문제이고, 균형을 잘 맞추는 것이 우수한 것이라고 말하고 있다.

예를 들어, 글라이더처럼 날개가 가늘고 긴 항공기는 작은 에너지로 오랜 시간 날 수 있는 대신 속도가 저하되고 속도가 빠른 항공기는 글라이더 같은 날개는 장애물이 된다. 이와 같이 균형이 중요한 것이다.

➡ 격정심이 너무 강한 나머지, 상대의 도발이나 모욕에 간단히 넘어가 군대를 위험에 빠뜨릴 가능성

염결 청렴결백하지만, 명예를 지나치게 중시하는 자

➡ 명예를 중요시한 나머지 그것에 금이 갔을 때는 상황을 무시하고 싸우기 때문에 위험에 빠질 가능성

애민 백성을 사랑하고, 병사를 지나치게 소중히 하는 자

➡ 병사를 너무 소중히 한 나머지 그들을 냉혹하게 다루어야 할 때도 그렇게 하지 못하여 고전할 가능성

용기, 신중함, 적개심, 청렴함, 인덕은 각각 필요한 자질이지만, 그것이 지나치면 위험으로 바뀌기 때문에 주의해야 한다

여러 가지 병법서 사마법(司馬法)

- 저자(著者) : 사마양저(司馬穰苴)(실제로는 불명(不明))
- 성립(成立) : 중국(中國), 춘추전국시대(春秋戰國時代)
- 구성(構成) : 155편(篇)
- 『무경칠서(武經七書)』 중 하나

제(齊)나라의 병법

제나라의 경공을 섬겼던 대사마(군대의 최고관리)인 전양저田穰苴라 불리우는 인물이 저술했다고 하는 것이 이『사마법』이다.

　이 병법서의 성립에 대해서는 여러 가지 설이 있다. 어떤 설에 의하면 태공망의 후손이 제나라에 전해져 온 병법을 사마양저 때에 정리되었다고 하고, 또 다른 설에 의하면 사마양저 시대 후 BC 4세기에 제나라의 위왕이 정리한 것이라고도 한다. 어느 쪽이던 현존하는『사마법』은 당시의 것이 아니라 후에 5~6세기의 것이라고 한다.

孫子兵法 경구의 재미

현존하는 『사마법』은 「인본편(仁本篇)」, 「천자지의편(天子之義篇)」, 「정작편(定爵篇)」, 「엄위편(嚴位篇)」, 「용중편(用衆篇)」으로 총 다섯 편으로 구성되어 있는데, 제목에 관해서는 각 편의 서두의 단어를 따 온 것으로 특별한 의미는 없다고 한다.
특징으로는 거창한 단어를 사용한 가운데 틈틈이 보이는 짧고 단적인 경구의 재미, 설득력을 들 수 있다.
예를 들어 "나아가거나 물러가거나 할 때에는 주춤거려서는 안 된다. 적과 만난 뒤에 작전을 생각해서는 안 된다" 등이 그렇다. 한편으로는 내용적으로도 일관성이 결여되어 있어 많은 내용이 산만하게 이루어져 있는 것을 볼 수 있다.

여러 가지 병법서 이위공문대(李衛公問對)

- 저자(著者) : 완일(阮逸)(여러 가지 설이 있음)
- 성립(成立) : 중국(中國) 당(唐)시대
- 구성(構成) : 3권
- 「무경칠서(武經七書)」 중 하나

태종(太宗)과 이정(李靖)의 문답

「무경칠서武經七書」 중에서도 가장 나중에 나온 병법서인 이 「이위공문대」는 7세기 초반, 당나라의 건국에 큰 역할을 한 태종과 이정 두 사람의 대화를 완일阮逸이라는 인물이 기록한 것이라고 한다.

다만, 「무경칠서」의 대부분이 그렇듯이 이 「이위공문대」도 성립에 대해서는 여러 가지 의견이 분분한데, 실제로는 당나라 말기에서 송나라 초기에 걸쳐 10세기 경에 쓰인 위서僞書일지도 모른다는 의견도 있다. 즉, 제목의 「문대」는 대답이나 문답의 의미로, 「이위공」은 이정의 존칭이다.

 ### 이정 장군들에 대해 언급하다

『권지상(卷之上)』, 『권지중(卷之中)』, 『권지하(卷之下)』로 총 3권으로 구성된 이 병법서는 전편에 걸쳐 태종의 전술, 전략에 대해 묻고 이정이 그것에 대답하는 형식을 취하고 있다. 그 중에서는 같은 『무경칠서』인 「육도」, 「손자」, 「오자」, 「사마법」의 내용을 담고 있을 뿐 아니라 고대 중국을 대표하는 명장인 장량이나 한신, 조조, 거기에 제갈량 등의 전술에 대해서도 거론하고 있다.

그 때문에, 내용적으로는 많은 내용을 담고 있지만, 한편으로는 현대 사회에서 의미가 없는 내용도 많아 보편성은 떨어진다고 판단된다.

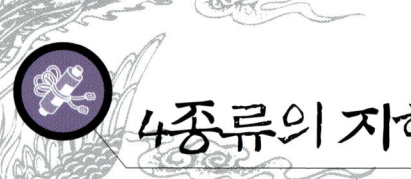

4종류의 지형

행군편(行軍篇) 1

산과 강에서의 전투

행군할 때 주의해야 할 것 중에 「손자」가 먼저 거론한 것은 4가지 종류의 지형에 대응하기 위한 방법이다. 산지에서 전쟁을 할 때 기본은 무엇인가? 그것은 계곡을 따라 길을 잃거나 적의 눈에 띄지 않도록 하는 것이고, 높은 곳이 있다면 먼저 차지해 두는 것이다. 강 주변에서 전쟁을 할 때 기본은 무엇인가? 그것은 자신이 강을 건널 때는 건넌 뒤에 즉시 그곳을 떠나 물 주변에 진을 치지 않고 또한 적이 강을 건너고 있을 때는 반 쯤 건너오면 공격을 개시한다는 것이다. 물 속에서 군대는 생각대로 움직일 수 없기 때문이다.

孫子兵法 4종류의 지형

지형을 행군하는 방법과 진을 치는 장소에 대해서 「손자」는 각각의 경우에 기본전술을 제시한다.

【 산에서 치루는 전쟁의 기본 】

- 우선, 계곡을 따라 이동할 것 → 좀처럼 길을 잃지 않고, 적의 눈에 띄지도 않는다.
- 고지대는 중요한 곳이기 때문에, 진로 부근에 고지대가 있다면 차지할 것

➡ 적이 높은 곳에 있다면, 낮은 곳에서부터 공격해 갈 것

【 강에서 치루는 전쟁의 기본 】

- 자신이 강을 건너는 경우 강을 건넌 뒤 곧바로 강에서 멀어질 것
- 적이 강을 건너고 있는 경우에는 반 정도가 강을 건넜을 때 공격할 것

저습지(低濕地)와 평지(平地)에서의 전투

저습지 - 해발고도가 낮은 늪 등에서 전쟁을 할 때 기본은 무엇인가? 그것은 늪지대는 움직임이 쉽지 않아 복병이 숨기 쉽기 때문에 곧바로 그곳을 떠나고, 어떻게 해도 전쟁을 피할 수 없다면 숲을 등지고 싸우면 움직임이 용이하다는 것이다.

평지 - 전쟁을 할 때 기본은 무엇인가? 그것은 다른 지형보다도 용이하게 움직일 수 있는 장소이기 때문에 그 중에서도, 특히 방해물이 없는 장소에 진을 치고, 또한 언덕이 오른쪽 뒤편에 보이면 무기를 휘두를 때 싸우기 수월하다고 말하고 있다.

에피소드

기본은 어디까지나 기본

여기에서 말하는 것은 어디까지나 기본에 지나지 않는다는 점이다. 어떤 일에도 예외라는 것은 반드시 존재한다. 예를 들어 삼국시대, 촉나라의 무장 마속은 고지대에 진을 치고 적을 맞이하여 공격하지만 포위 당해 물이나 식량이 끊겨 패배했다. 그리고 그는 그 패배의 벌로 처형당했다. 이른바 「제갈공명이 울면서 마속을 베다」라는 말이 여기서 나왔다. 기본은 어디까지나 기본으로 항상 응용도 생각하는 것이 바른 자세이다.

➡ **강을 등지고 있거나 강에 있을 때는 행동하기가 어렵다**
- 강의 부근에서 싸우는 경우 물 주변에 진을 치지 말 것
- 고지대에 진을 칠 것, 혹은 강하류에는 진을 치지 말 것

【 저습지에서 치루는 전쟁의 기본 】

- 늪지를 통과하는 경우에는 서둘러 지나갈 것
➡ **움직임이 쉽지 않기 때문에 복병이 숨어있을 가능성이 높다**
- 그래도 적과 대면하는 경우에는 물(음료)이나 풀(식량)이 있는 숲을 뒤로하는 곳에서 싸울 것
➡ **숲은 움직임이 용이하고 매복하기 좋기 때문에 도망가기도 용이하다**

【 평지에서 전쟁의 기본 】

- 고지대를 오른쪽 뒤편으로 하고 저지대를 앞에 두는 형태로 포진할 것
➡ **오른손잡이 병사들은 좌측이 공격하기 쉽기 때문이다**

손자병법 **131**

군대를 주둔해야 하는 장소

행군편(行軍篇) 2-4

군대가 주둔해도 안전한 장소

군대를 움직이는데 있어서 중요한 것은 병사들이 나아가는 진로의 지리적 조건이다. 그래서 「손자」는 여기에서도 지형에 대해서 이야기한다. 우선, 군대가 있어도 안전한 장소 – 주둔지로 알맞은 장소란 어떤 곳인가? 그 질문에 대한 「손자」의 대답은 고지대이고, 채광이 좋고, 물이나 풀이 풍부한 곳이라는 것이다. 왜냐하면 이런 장소에서는 병사들이 활력을 잃지 않고 병에 걸리지 않기 때문이다. 이것을 「필승」이라고 칭할 정도면 어느 정도로 중요시해야 하는지 알 수 있을 것이다.

군대를 두어야 하는 장소

「손자」는 지형의 영향을 중요하게 생각해서 몇 번이고 설명하고 있다. 여기에서는 군대를 두면 안전한 장소와 위험한 장소를 소개한다.

【 주둔지에 알맞은 장소란 】

1. 낮은 곳보다 **높은 곳**에 진을 칠 것
   ※ 현대전에서도 고지를 쟁탈하기 위해 치열하게 싸우는 것을 많이 볼 수 있다.(6・25 전쟁이 좋은 예)
2. 햇볕이 잘 들지 않는 곳보다 **햇볕이 잘 드는 곳**에 진을 칠 것
3. **물이나 풀이 풍부한 장소**에 진을 칠 것

➡ 병사가 뛰어난 기운을 받아 병에 걸리지 않기 때문에 유리하며, 「손자」는 이런 상태를 「필승」이라

군대가 있으면 위험한 장소

안전한 장소가 있다면 위험한 장소도 있는 것이 당연한 이치이다. 「손자」는 그것을 「6해六害」 - 여섯 종류의 위험지대라고 한다.

6해는 각각 「절간絕澗」, 「천정天井」, 「천뢰天牢」, 「천라天羅」, 「천함天陷」, 「천극天隙」이라고 이름 붙였다. 각각 군대가 움직이기 어렵고 싸우기 어려운 장소이다. 그렇기 때문에 이런 장소에 절대로 가까이 해서는 안 된다 - 하지만 『손자병법』은 거기에서 끝나지 않는다. 위험한 장소라면 적을 그 곳으로 몰아넣는 것이 이상적이기 때문이다.

보충

「6해」가 아니라 「5지(五地)의 살(殺)」?

위에서 소개하고 있는 것은 6해 이지만, 어떤 설에 의하면 이것은 6이 아니라 5라고 한다. 그 설에 의하면, 여기에 쓴 것은 「절간」을 이동 중에 다른 지형과 마주쳤을 경우 대처법으로 생각하는 셈이 된다.

그 근거로는, 6가지 중 「절간」만 이름을 붙인 법칙이 다른데 다른 5가지는 전부 「천(天)」이 앞에 붙는다 이런 것이나 몇 가지 역사적 자료, 그리고 『손빈병법』에서 이 5가지가 「5지의 살」이라고 이름 붙여진 사례들을 들 수 있다.

고까지 할 정도로 중요시 했다.

더불어 뒤쪽이나 우측에 제방이나 언덕 등 방해물이 있으면 더더욱 유리하다.

【 6해 = 여섯 가지 위험 지대 】

1 절간 ➡ 험준하게 솟아있는 절벽에 낀 골짜기 같은 장소
2 천정 ➡ 우물과 같이 사방이 막혀있는 장소
3 천뢰 ➡ 우리와 같이 삼면을 둘러싸고 있는 장소
4 천라 ➡ 그물에 걸린 것 같이 풀과 나무가 밀집된 장소
5 천함 ➡ 흔적이 남거나 빠질 수도 있는 질척거리는 늪지
6 천극 ➡ 양측으로부터 지형(절벽 등)이 좁혀지는 장소

이런 6가지의 위험한 장소에는 절대 가까이 하지 않는다.
그러므로 오히려 상대를 이곳으로 몰아 넣고 공격해야 한다

적에 대한 정보를 파악하는 구체적인 방법(1)

행군편(行軍篇) 5-7

작은 조짐에서 정보를 읽는다.

「손자」 행군편에는 여러 가지 조짐을 토대로 적군의 정보 곧 공격해 올 것인가 아닌가, 태세는 만전을 기하고 있는가 붕괴직전인가를 읽기 위한 구체적인 기준이 제시되어 있다. 정보와 상황파악을 중시하는 「손자」 다운 항목이라 할 수 있다. 너무 많기 때문에 모든 것을 소개하는 것은 불가능하기 때문에 몇 가지만 소개하겠다.

예를 들어, 지형 중에서는 복병이나 척후斥候를 감추기 쉬운 장소가 있다. 그것은 바로 「험조險阻」, 「황정潢井」, 「가위葭葦」, 「산림山林」, 「예회翳薈」의 5가지 장소인데, 이런 장소를 지날 때는 사전에 철저한 수색과 탐색을 하지 않으면 아군이 위험하다.

 적의 정보를 파악하는 구체적인 방법(1)

「손자」가 반복해서 주장하는 것 중 하나가 정확한 정보를 얻는 것이다. 여기에서는 그 구체적인 방법을 해설한다.

험조(험한 지형), 황정(연못이나 늪지)
가위(갈대가 우거진 장소), 산림, 예회(나무나 풀이 우거진 장소)

↓

복병이나 척후가 숨어있다.

날아가는 새가 복병을 가르친다

복병이나 책략과 관계된 조짐은 지형뿐만 아니다. 예를 들어, 금방이라도 전쟁이 시작될 것 같은 상황인데 일부러 싸우기 어려운 장소 적군이 저지대에 있다는 등에 그대로 남겨 소수의 복병을 숨겨 함정을 파놓았을 가능성이 있다. 일부러 멀리서부터 와서 공격할 준비를 하고 있는 적은 아군이 전진하게 해서 무엇인가를 꾸미고 있을지도 모른다.

또한, 지형의 변화에서도 적의 움직임을 읽을 수 있다. 나무들이 움직이고 있다는 것은 적이 가까이 와서 미동하고 있기 때문이고, 동물들이 달아나는 것은 기습을 위해 접근한 적 때문에 놀라서 달아나는 것이다.

에피소드

미나모토노 요시이에(源義家)를 구한 새의 움직임

미나모토노 일족인 야와타 타로의 또 다른 이름으로 알려진 미나모토노 요시이에는 『손자병법』을 활용한 인물 중 하나로 알려져 있다. 그런 그에 얽힌 이야기로, 여기에서 소개하고 있는 「조짐을 파악하라」와 관련된 이야기가 있다.
후(後) 3년 역(役)으로 불리우는 전쟁에서 어느 날 요시이에는 하늘을 날고 있는 기러기 무리가 갑자기 혼란스럽게 움직이는 것을 보았다. 이것을 보고 복병이 숨어있다고 간파한 그는 훌륭하게 적을 격퇴시키는데 성공했다는 이야기가 있다.

【 적의 움직임으로부터 읽어내는 것 】

아군과 대치하고 있는데 일부러 불리한 장소를 택하고 있는 적 ➡ **복병이나 척후가 숨어있다.**
자기들의 근거지로부터 먼 곳으로 전쟁을 하려고 온 적 ➡ **일부러 아군을 전쟁으로 끌어내려는 속셈이다**
수비하기 어려운 장소에 있는 적 ➡ **그곳에는 함정이 있다**

【 지형의 상황으로부터 읽어내는 것 】

나무가 움직이고 있다. ➡ **적이 접근하고 있다.**
새가 날아가고 있다. ➡ **복병이 있다.**
동물이 달아나기 시작한다 ➡ **적이 기습해 온다.**

작은 징후를 보고 여러 가지를 파악할 수 있다.

적에 대한 정보를 파악하는 구체적인 방법(2)

군행편(群行篇) 8

상대편 사자(使者)의 태도를 본다.

적진으로부터 파견 온 사자는 반드시 어떤 의도(화해, 도발, 책략)를 가지고 있기 때문에 그 태도에서 조짐을 읽는 것이 가능하다면, 그 후 전쟁을 유리하게 이끌어 갈 수 있을 것이다.

이것에 대해서「손자」는 사자가 울상이 되어 비굴하게 말하면, 전투준비를 확실하게 하고, 적이 진격해 올 가능성이 높다고 말한다. 또, 사자가 위압적으로 위협해 오면, 공격해 올 것처럼 행동하는 경우에는 실제로 물러갈 가능성이 있다고 말한다. 진실은 사자의 말과는 반대라고 말하고 있는 것이다.

병사의 상태를 본다

아마 가장 큰 관찰목표가 되는 것이 적군의 병사들일 것이다. 그들이 보이는 징후는 내부 사정을

 적에 대한 정보를 파악하는 구체적인 방법(2)

앞장에 이어서 여기에서도 적의 사정을 관찰하기 위한 구체적 지침을 소개한다.

【 사자의 태도를 관찰해 본다 】

비굴하게 굴지만 뒤로는 전투준비를 계속하고 있다. ➡ **진격해 온다.**
위압적으로 말하면서 곧 전진해 올 것 같은 기미를 보인다. ➡ **물러간다.**
특별히 사정도 없는데 휴전하거나 화해를 요청해 온다. ➡ **그 뒤에는 책략이 숨어 있다.**
등등

명확하게 보여줌에 틀림없다.

직접적으로 상황을 제시하고 있는 조짐으로는 「병사들이 소곤소곤 말하고 있는 것은 장군을 신뢰하고 있지 않는 것이다」라고 할 수 있다.

한편, 「상황이 유리한데 어쩐 일인지 공격해 오지 않는 것은 지쳐있기 때문이다」라든지, 「상황이 유리하고 병사의 피로도 없는데 공격해 오지 않는 경우는 무언가 꿍꿍이가 있기 때문에 이쪽에서는 주의가 필요하다.

보충

흙먼지의 4가지 패턴

본문에서는 다 소개하지 못했지만 「손자」에서는 그 외에도 여러 가지 「조짐」을 소개하고 있다. 그 중에서 4가지 패턴의 흙먼지 – 먼지가 일어나는 모습에 대한 것이 있다.

그것에 따르면 한번에 높은 흙먼지가 일어나는 것은 전차가 습격해 오는 것을, 넓게 퍼지는 것은 보병이 습격해오는 것을, 흙먼지가 흩어지며 오는 것은 병사들이 분산되어 좁혀오는 것을, 작은 흙먼지가 이동해가는 것은 무엇인가 준비하는 중임을 각각 제시하고 있다고 한다. 「손자」의 깊은 통찰을 느낄 수 있는 기술이 아닌가!

【 상대 병사들의 상태를 관찰해 본다 】

병사가 무기에 의지하고 겨우 서 있다. ➡ **굶고 있어서 기운이 없다.**
군대의 질서가 어지럽혀 있다. ➡ **장군의 위신이 떨어지고 있다.**
집단에서 이탈한 병사들이 소곤소곤 이야기를 하고 있다. ➡ **상관에 대한 병사들의 신뢰가 없다.**
상황이 유리한데 공격해 오지 않는다. ➡ **지쳐있다.**
밤 중에 소란스럽다. ➡ **진격해 온다.**
장교가 터무니 없이 이성을 잃었다. ➡ **사기가 떨어져 있다.**

적 병사들의 사기는 왕성한데 진군도 후퇴도 하지 않은 채 전쟁을 장기전으로 끌어 간다.

➡ **이럴때는 적에 대한 정보 수집을 철저히 하지 않으면 안 된다.**

병사의 숫자 만으로는 이길 수 없다

행군편(行軍篇) 9

너무 많으면 오히려 진다.

보통 대군과 소군이 싸우면 대군이 유리한 것은 뻔한 일이다. 그렇기 때문에 병사의 수는 많으면 많을수록 좋다 - 로 생각하기 쉽지만 실제로는 반드시 그렇다고만 할 수 없다고「손자」는 말한다. 무턱대고 돌진할 것이 아니라, 상황을 파악하고, 전력을 집중하면 이길 수 있다.

반대로, 적을 업신여기고 만연하게 공격하면 패배한다. 효율적으로 병사를 움직이는 것이 중요하다고 말하는 것이「손자」의 주장인데, 그 의도를 살펴보면「병사의 인원수만 많으면 오히려 방심하게 되어 제대로 병사들을 부리지 못하게 된다」고 말하는 것이다.

병사의 마음을 얻어라

그 방법으로「손자」는 징벌이나 은덕, 법령 같은 백성의 마음을 다루기 위해 매사에 신경을 쓸 것

孫子兵法 **병사의 숫자 만으로는 전쟁에 이길 수 없다.**

병사의 수는 전쟁에서 큰 요소가 되기는 하지만, 그것이 방심을 불러 일으킨다고 하는 것도「손자」의 가르침. 여기에서는 병사의 마음을 얻는 방법과 더불어 그것을 주장하고 있다.

숫자가 많은 것이 반드시 좋다고 할 수는 없다.
적합한 상황판단과 거기에 따른 전력의 운용이 더 중요하다.

을 주장하는데 이것도 그리 쉬운 일이 아니다.

　예를 들어, 병사들이 지휘관의 은혜나 덕에 따르지 않는 상태에서는 징벌로 다스려도 좀처럼 따라주지 않고 오히려 불만만 생긴다. 하지만 병사들이 지휘관을 잘 따라주는 상태라고 해서 내버려 두고 징벌을 집행하지 않으면, 군령이 잘 통하지 않는다.

　게다가 법령으로 다스리려 해도 평소에 법령을 제대로 지키지 않았다면 긴급 상황에 통솔자가 병사들을 움직이는 것은 불가능하다.

에피소드
벌로 다스린다.

징벌과 법령의 중요성은 손자 자신의 이야기로 설명하고 있다. 오왕, 합려(闔閭)의 눈에 띈 그는, 우선 왕의 측실(側室)에서 군대를 편성하라는 명령을 받는다. 거기서 그녀들 중 두 명을 지휘관으로 임명 하고 명령을 하지만, 좀처럼 그의 명령을 듣지 않는다. 한번은 「자신의 책임이다」라고 말한 손자지만 또다시 명령을 내리나, 그녀들이 명령을 듣지 않자 「두 번째는 대장의 책임이다」라고 하며 왕이 말리는데도 듣지 않고 두 사람을 처형한다. 이로 인해 그녀들은 손자의 명령을 따르게 되었다. 요즘말로 기압이 들었다는 말이다.

【 군대를 적합하게 운용하기 위해서는 】

1. 군대를 통솔하기 위한 은덕과 형벌

충성심이 강하지 않는 병사는 **엄하게 벌로 다스린다.** ➡ 불만을 가지고 명령에 따르지 않는다.

충성심이 강한 병사는 **엄하게 벌하지 않는다.** ➡ 위엄이 없어서 명령에 따르지 않는다.

**은혜나 덕에 따르게 해서, 형이나 벌로 통제하는 것이 필승의 군대이다.
그러기에 상과 벌을 명확하고 공정하게 시행하라.**

2. 군대를 규칙「군령」으로 움직이게 하기 위해서

평소에 제대로 집행하면 비상시에도 병사들은 따른다.

➡ **하지만 평소에 이것을 제대로 집행하지 않는다면 병사들은 명령에 반발한다.**

 「손자」로 보는 전투 - 관도(官渡)전투

중국 북부의 격돌

후한의 쇠퇴로 인해 영웅들이 할거한 삼국시대, 서기 200년에 일어난 것이 관도전투이다. 이 전투에서는 당시의 황제 헌제를 손에 넣어 세력을 한 번에 넓힌 조조와 예부터 명문 출신으로 강대한 전력을 축적해 온 원소가 격돌하여, 중국 북부의 패권을 둘러싸고 격렬하게 대립했다.

전쟁의 전반에는 조조가 불리했다. 소규모 전투에서 승리를 쌓아가며 공성 병기까지 도입해 적의 진영을 날려버리지만, 원체 병력이 약했고 무엇보다 조조의 군대는 자신의 세력권이면서 보급이 매우 부족한 형편에 있었기 때문이다.

자신의 어리석음에 패하다.

이 전투의 흐름을 바꾼 것은 원소 자신의 오만이었다. 발단은 「조조의 약점은 보급선입니다」라는 부하의 의견을 무시한 것. 이 부하는 그 후 조조에게 달아나, 이번에는 「원소군의 보급지점, 오소烏巢를 공격하라」고 조언한다. 조조는 이것을 듣고 군대를 그곳으로 급파한다.

이것에 대한 원소의 대응은 매우 어리석었다. 부하로부터 들은 2가지 안건을 모두 채택하여 군대를 분산시킨 것이다. 결과적으로 원소의 판단은 실패로 돌아갔다. 부하의 마음을 잡지 못했던 원소는 패하고 이 전쟁을 계기로 병으로 목숨을 잃고 만다.

보충

보급을 노린 의미

「보급을 털자」는 조언을 무시한 원소와 그것을 채택한 조조. 이 차이가 결과를 좌우한 것은 위에서 설명한 대로지만, 거기에는 단순한 그릇 부하를 신뢰하는 마음뿐 아니라, 전쟁에 대한 생각의 깊이가 있었다.

무엇보다 상대의 약점을 찾아 공략하고 보급을 중요하다고 그렇게도 「손자」가 반복해서 강조했기 때문에 조조는 조언을 들었을 때 「과연, 옳다」고 생각했을 것이다.

2. 대군으로 무찌른다

관도전투를 단순히 보면, 형세는 원소군이 압도적으로 유리했다고 한다. 전초전인 백마전투에서는 이 무렵 조조의 부하였던 맹장 관우의 활약으로 승리하지만, 병력의 숫자에서는 여전히 큰 차이가 있었다. 「원소군 10만 명에 비해 조조군은 1만 명」이라는 통설은 후세에 만들어진 이야기겠지만 원소가 적을 압도하는 군대를 거느렸다는 것만은 틀림없다. 또한, 식량이 부족한 조조군에 비해, 동서로 수십 리에 달하는 진을 쳐서 조금씩 압박하는 전술을 펼쳤기 때문에 전쟁은 원소에게 유리하게 흘러갔다.

3. 장군의 약점

이 싸움을 결정한 것은 조조의 전술보다도 원소의 오만이었다. 그는 억측이나 혈기왕성한 행동이 두드러져 부하의 조언을 잘 듣지 않았다. 우선 「조조의 보급을 끊어야 한다」고 조언한 부하가 원소가 귀담아 듣지 않자 그것에 불만을 품고 조조에게로 가 원소군의 보급지점, 오소를 공격할 것을 조언한다. 이것을 조조가 귀담아 듣고 오소를 공격했을 때, 원소는 더욱 어리석게 대처한다. 「오소를 지켜야 한다」와 「적의 본부대를 공격해야 한다」는 두 가지 의견이 나왔기 때문에 양쪽 의견을 모두 채택해서 전자를 주장한 부하를 후자의 책임자로 배치하고 후자를 주장한 부하를 전자의 책임자로 배치한 것이다.

결과적으로 양쪽 군대가 모두 패배하여 물러나고, 조조의 본 진영을 공격한 부대가 원소를 배신하여 원소의 패배로 끝났다. 이렇게, 부하의 마음을 이해하려고 하지 않았던 오만은, 「손자」가 가장 꾸짖는 것이다.

1. 애초부터 조조가 불리

전초전인 백마전투에서는 「적을 분열시켜 각각 돌파한다」는 「손자」의 전술대로 싸워서 승리했지만, 조조의 상황은 그래도 위태로웠다. 전력은 적었고, 원소의 방위측이 유리한 상황이고 보급도 어려웠기 때문이다. 발석차(發石車)라는 공성전에 쓰는 큰 돌을 날리는 병기로 원소가 튼튼한 진영을 치는 것을 방해하면서, 적의 대군을 물리치는 것도 할 수 없어서 여전히 전력의 차이로 인해 패할 것처럼 보였다.

「손자」를 활용한 주요 인물들
- 병법관련 2 -

중국(中國)
이세민(李世民)

- **생몰(生沒)**: 598년 ~ 649년
- **별명(別名)**: 태종(太宗)「임금의 시호」
- **출신(出身)**: 불명(不明)

태종이라는 이름으로 전해지는 중국 당나라 왕조의 제2대 황제. 아버지 아래서 형제들과 힘을 합쳐 각지를 평정해 가다가 후에 형제를 살해하고 후계자 경쟁에서 승리. 즉위 후에는 여러 제도를 정비해서 국력을 기르고 당나라의 천하통일을 완성한다. 그와 이정의 문답집이 『무경칠서』의 『이위공문대』로 남아 있다. 그런 그가 고구려 원정에서 패한 것은 아이러니이다.

중국(中國)
이정(李靖)

- **생몰(生沒)**: 571년 ~ 649년
- **별명(別名)**: 약사(藥師)「자(字)」
- **출신(出身)**: 경조삼원(京兆三原)

당나라 초기의 군인. 수 시대부터 이세민을 따라 당 왕조 건국에 공신한다. 『이위공문대』에서도 인용하고 있는 『손자병법』을 교묘하게 사용하여, 많은 전쟁의 공로를 세웠다. 그는 마지막까지 이세민에게 무한한 신뢰를 얻었으며 생을 함께 했다. 현재에도 중국 역사에 남는 명장으로 손꼽힌다.

중국(中國)
태공망(太公望)

- 생몰(生沒)　? ~ ?
- 별명(別名)　여상(呂尙) 「본명」, 자아(子牙) 「자(字)」, 태공(太公) 「익명(諡名)」
- 출신(出身)　불명(不明)

기원전 11세기에 활약한 군사로, 동이족 출신이라는 설도 있다. 소설 『봉신연의』의 주인공이기도 하다. 주나라의 문왕을 거쳐 문왕과 그 아들 무왕의 보좌관이 되어, 목야전투에서 주왕이 이끄는 은나라를 멸망시킨다. 제1공로자인 태공망은 광대한 동쪽지방을 맡아 이민족을 무찌르고 그 땅을 평정해서 제나라를 건국한다. 실제로는 다르지만 『무경칠서』의 『육도삼략』의 저자라고도 하며, 이것은 태공망이 얼마나 우수한 군사였는지를 보여준다고 할 수 있다.

중국(中國)
사마양저(司馬穰苴)

- 생몰(生沒)　? ~ ?
- 별명(別名)　전양저(田穰苴) 「본명」
- 출신(出身)　불명(不明)

중국 춘추시대의 제나라 경공을 섬긴 장군. 군대 최고관을 의미하는 「대사마」를 지냈기 때문에 사마양저라고 불린다. 군대 규칙의 시행에는 엄격했지만, 많은 부하들의 신뢰를 얻은 매우 우수한 장군이었다. 하지만 그를 질투한 세력의 모함에 빠져, 경공으로부터 해임당해 병으로 죽는 비운의 최후를 맞이한다. 그 후에 학자가 그의 병법을 정리하여 『무경칠서』의 『사마법』으로 완성한다.

 # 여섯 가지 지형과 여섯 가지 패배

지형편(地形篇) 1

「통(通)」,「계(桂)」,「지(支)」지(地)

지형편은 문자 그대로 「지형에는 어떤 종류가 있고, 거기에 따라 어떻게 대응하면 좋을까?」라는 해설부터 시작한다.

통지는 평지와 같은 어디서부터라도 지나갈 수 있는 열려있는 장소다. 이런 곳에서 전쟁을 하는데는 유리한 언덕 등의 고지대와 보급로를 우리 것으로 확보하는 것이 중요하다.

계지는 수렁과 같이 방해물이 있어 돌아가기 힘든 장소이기 때문에 여기에 상대가 기다리고 있는 경우에는 지나가지 않는 것이 좋다.

지지는 몇 개의 샛길이 가지처럼 갈라져 있어 군대가 분산되어 가므로 들어가기도 어렵고 나오기도 어렵다. 그래서 분기점 외에도 각 곳에 숨어서 기다리기 좋다.

 ## 여섯 가지 지형과 여섯 가지 패배

지형을 상황에 따라 6종류로 나눈 뒤에, 각각 경우에 맞춘 행동 지침을 소개한다.

「손자」는 여섯 가지 지형과 그것에 대응하기 위한 작전을 설명한다.

 「통지」 적군과 아군 모두가 통행하기 용이한 장소
➡ 그 중에 높은 곳을 점거해서 보급로를 확보하면 지구전에 유리

 「계지」 수렁 등에 들어가기는 쉽지만 나오기는 어려운 장소
➡ 적이 준비하고 기다리고 있다면 들어가지 않을 것

「애(隘)」, 「험(險)」, 「원(遠)」 지(地)

애지는 산과 산 사이의 골짜기 간의 좁은 지형이다. 그곳을 점령했다면 적을 기다려야 하지만, 그렇지 않은 경우에는 적을 살펴보기 좋다. 상대방이 뭉쳐있지 않은 것 같으면 공격하면 되지만 그렇지 않고 뭉쳐 있으면 가까이 다가가지 않는 것이 좋다.

험지는 산악지대를 대표하는 험한 지형이다. 통지 이상으로 높은 장소가 유리하기 때문에 상대보다 먼저 올라가 높은 곳에서 살펴보며 기다리는 것이 좋다.

원지는 무엇인가 방해물을 사이에 두고 2개의 진이 떨어져 있는 지형으로 이런 것은 싸우기에 굉장히 어렵다. 전력이 비슷하다면 싸워서는 안 된다.

보충

왜 통지에서 보급이 중요한가?

「손자」에서 지침으로 말하고 있는 것 중에는 종종 깊은 뜻이 숨어 있다. 예를 들어, 위에서 말한 「열린 장소(통지)에서는 보급선을 확보할 것」 등이 그렇다. 어떤 상황에서도 보급은 중요하다. 그럼에도 불구하고 통지에서 특별히 강조한 이유는 그 전에 「높은 곳을 점거할 것」과 관계가 있다. 평지에서 높은 곳을 점거당한 적은 좀처럼 공격하지 못하고, 자연스럽게 지구전이 되기 쉽다. 그 때 중요한 것이 보급이라는 것이다.

「지지」  갈림길의 샛길. 적에게도 아군에게도 위험
➡ 분기점 외에 숨어서 기다릴 것

「애지」  양쪽에 낭떠러지 벽을 지닌 좁은 장소
➡ 먼저 이 장소를 점령하고 기다린다.
   반대 상황에서는 들어가 공격하지 않는다.

「험지」  산악지대 등 경사가 가팔라서 오르기 어려운 장소
➡ 상대보다 먼저 올라가 높은 곳에서 기다릴 것

「원지」  넓고 평탄한데 방해물이 있는 장소
➡ 싸우기 힘들고 이기기도 힘들기 때문에 싸우지 말 것

이런 지형에 대해서 소개한 뒤 「손자」는 「장군이 갖춰야 할 모습」에 대해 서술한다.

지휘관이 갖춰야 할 모습(1)

지형편(地形篇) 2

「주(走)」, 「이(弛)」, 「함(陷)」

「손자」는 병사가 빠지기 쉬운 위험으로 6가지 경우를 들었는데 그것의 책임은 전부 지휘관에게 있고 윗사람의 실패로 위험이 닥쳐온다고 한다.

「주」라는 것은 도주 - 병사들이 적을 두려워해 도망가는 것. 유리한 조건이 아무것도 없는데 적이 압도적으로 많은 숫자로 공격하려고 하는 것이 원인.

「이」라는 것은 이완 - 군대의 군법이 느슨한 것. 지휘관의 약한 태도로 인해 부하들을 제대로 이끌지 못하는 것이 원인.

「함」이라는 것은 함몰 - 병사들의 사기가 떨어지는 것. 지휘관은 강하게 관리하는데 병사들이 약한 것이 원인.

孫子兵法 지휘관이 갖춰야 할 모습(1)

「손자」는 병사가 빠지기 쉬운 6가지 상황을 말한 뒤, 그것들은 모두 지휘관의 실패로부터 오기 때문에 잘 인식하고 피해야 한다고 말한다.

【 병사가 빠지는 6가지 위험 】

1. 주(도주) 적의 전력에 겁을 먹는다.
2. 이(이완) 규칙이 느슨해진다.

【 원인이 되는 지휘관의 실수 】

← 조건이 비슷한데 숫자가 더 많은 적에게 공격을 한다

← 지휘관이 카리스마가 부족해서 병사들을 손에 넣고도 통솔하지 못한다.

「붕(崩)」, 「난(亂)」, 「배(北)」

「붕」이라는 것은 붕괴 - 내부통일이 이뤄지지 않아, 군대가 자멸하는 것. 지휘관과 부하의 장교와의 의견이 맞지 않아 두 명의 지휘관이 있는 것 같은 상황이 되어 버리는 것이 원인.

「난」이라는 것은 혼란 - 지휘관의 지령이 제대로 전달되지 못해 조직이 혼란에 빠지는 것. 지휘관의 의사나 위엄이 약해서, 방침을 확실하게 전달하지 못하는 것이 원인.

「배」라는 것은 패배 - 글자 그대로 지는 것. 상황판단을 할 수 없는 지휘관이 무턱대고 적과 싸우는 것이 원인인데 애당초 전쟁을 하는 법을 모른다고 밖에 할 수 없다.

보충

지휘관도 다양하다.

본문에서는 여섯 종류의 위험을 불러일으키는 자를 하나로 정리해 「지휘관」이라고 하지만 실제로는 조금 의미가 다르다. 「주」, 「난」, 「배」를 일으키는 것은 지금까지 말한 것과 같은 군을 통솔하는 장군이다. 「붕」은 이에 더해 군대나 장군을 감시하는 군 감시관이라고 불리우는 자가 실수를 일으키는 것. 그리고 「이」, 「함」을 일으키는 것은 군리(軍吏)라고 불리우는 군대의 규칙과 군법을 병사들이 지키게 하는 것을 임무로 하는 자들이다.

3. 함(함몰) 사기가 오르지 않는다.  ← 용감하지만 병사들은 무기력하고 능력이 없다.

4. 붕(붕괴) 자멸한다. ← 부하 장교와 의견이 대립해서 군대 내부가 혼란스럽다.

5. 난(혼란) 지령이 통하지 않는다. 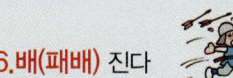 ← 사령관이 의지가 약하고 위엄이 없다. 방침이 불명확하다.

6. 배(패배) 진다 ← 적과 아군의 상황판단 방법을 몰라서 작전을 오판한다.

이런 상황을 만들지 않는 것이 지휘관이 할 일이고 역할이다.

# 지휘관이 갖춰야 할 모습(2)

지형편(地形篇) 3-5

하나의 정보로는 승률은 어렵다

어리석은 지휘관이 일으키는 위험을 서술한 뒤「손자」는 그것을 회피할 줄 아는 우수한 지휘관이 갖춰야 할 모습을 제시한다. 그것을 단적으로 말하면「적에 대해 잘 알아보고 대응해서 승리를 정한다」 - 즉, 적의 정보를 시작해 여러 가지 것들을 헤아려 승산을 따질 줄 아는 인물이라야 한다.

그가 생각해야 할 것은 적에 대한 정보 뿐 아니라 아군자체의 정보는 물론, 지형의 정보까지도 각각 유용하지만 그래도 각각의 승률은 5할이다. 그 모든 것을 파악하는 것을 시작으로 확실한 승리를 손에 넣을 수 있어야 하는 것이다.

「나라의 보물」

그럼, 우수한 지휘관의 행동은 어떤 것일까?

지휘관이 갖춰야 할 모습(2)

여기에서도「손자」는 어떻게 행동하는 것이 올바른 지휘관인지 구체적으로 이야기하고 있다.

좋은 지휘관은 **상황**을 바르게 판단하고, 적절한 행동을 취한다.

지금까지 소개한 「지세(地勢)」「병사의 위기(危機)」 등

【 우수한 지휘관의 행동 】

- 군주의 명령이 무엇이든지 전장의 상황에 걸맞지 않으면 일부러 그 명령에 따르지 않고, 자신의 의사대로 일관한다.
- 개인적인 명예나 징벌을 신경 쓰지 않고 백성과 군주를 위해 싸운다 (나라의 보물)

예를 들어, 몇 번이고 설명한대로 상황을 파악하고 판단하는 것이 지휘관의 일이다. ㅡ 그리고, 군주의 명령이 자신의 판단에 방해가 된다면 일부러 그것을 무시하고 자신의 의사를 관철시키고 승리를 얻는 사람이야말로 우수한 지휘관이라 할 수 있다.

그런 인물들은 개인적인 명예에는 연연하지 않고 전쟁 후에 징벌을 받는 것도 신경 쓰지 않고 오로지 백성의 안전과 궁극적으로 군주의 목적을 달성하기 위해 싸우는 지휘관이다. 그와 같은 지휘관이야 말로 「나라의 보물」이라고 할 수 있다.

에피소드
우수한 지휘관과 우수한 군주

우수한 지휘관이 「나라의 보물」이라면, 그 보물을 소중히 하는 것은 우수한 군주의 조건일 것이다. 고대 중국에는 그것을 나타내는 이야기가 있다.

춘추전국시대, 위나라의 혜왕과 제나라의 위왕이 만났을 때의 이야기이다. 혜왕이 진귀한 보석을 가지고 있는 것을 자랑한 것에 대해, 위왕은 「내가 생각하는 보물과 당신이 생각하는 보물은 다르다」고 말하며, 자신의 가신을 「나의 보물입니다」라고 소개한다. 이것이야말로 우수한 군주의 행동이고, 혜왕도 부끄러워 할 수밖에 없었다고 한다.

- 이런 사령관은 부하를 사랑하고 자기 자식과 같이 다루기 때문에 그들은 죽음을 두려워하지 않고 싸운다. ➡ 그렇다고 무턱대고 너무 잘해주면 나약해져서 제 역할을 하지 못한다.

【 지휘관이 해야 하는 것 】

적만 아는 것
아군만 아는 것   → **승률은 5할**
적도 아군도 알고 있으나 지형을 모르는 것

↓

확실히 이기기 위해서 위의 요소들과 함께 지형이나 기후도 알고 있어야 한다.

「손자」를 소재로 한 이야기

배경은 병법서이기 때문에 「손자」를 직접 소재로 한 픽션은 없지만, 저자인 손무(혹은 그 손자인 손빈)이 드라마틱한 인생을 보낸 것만으로, 몇 가지인가 그들을 주인공으로 한 이야기가 있다.

대표적인 것은 역사소설의 대가인 카이온지쵸고로(海音寺潮五郎)의 「손자」(講談社)이다. 이 작품은 『손무의 권(卷)』과 『손빈의 권(卷)』 2권으로 나뉘어져 있는데, 두 사람의 손자가 전쟁의 혼란 속의 춘추전국시대에서 어떤 인생을 보냈는지 생생하게 그리고 있다.

주목해야 할 것은 손무와 손빈이 함께 은자(隱者)권력을 적극적으로 구하려 하지 않고 숨어 있는 자적인 인물로 그려져 있는 점이다. 모든 것을 객관적으로 정리하고, 깊이 생각한 뒤에, 이끌어 낸 결과인 「손자」와 『손빈병법』의 인상에 맞는 인물상이라 할 수 있다.

또, 한국의 정비석(鄭飛石)의 『소설 손자병법』도 손무의 생애를 소설로 그린 작품이다. 다만, 그의 활약은 중반부터 등장하고, 전반에는 그의 동료였던 오자서(五子胥)를 중심으로 하고 있기 때문에 원래는 그가 주인공으로 쓰여진 것은 아닐 것이다.

이 작품에서는 혼란스러운 춘추전국시대의 가치관 - 군주를 위해서는 자신이나 가족의 목숨도 버리는 것이 당연하다 - 을 증오하는 사람들의 모습이 자세하게 그려져 있고, 『손자병법』이 탄생한 시대를 파악하는데 유효하다. 또한(홍익출판사)의 『손빈병법』도 있다.

여기까지 거론한 것은 소설인데 최근에는 만화까지 등장하고 있다. 집영사(集英社)의 『슈퍼점프』지에 실려 있는 「빈 ~ 손자이전」이 그것이다.
얼굴에 문신이 있고 양쪽 다리가 없는 괴상한 병법가 손빈이 만화에서는 신선하게 묘사되어 있고, 간편하게 이 시대의 분위기나 손빈의 사상 등을 접할 수 있는 좋은 작품이라 할 수 있다.

그리고, 손자나 그 관계자가 직접 등장하는 것 뿐 아니라, 서적으로 「손자」가 등장하거나 「손자」의 구절이 인용되는 책 등 그 범위는 실로 한일양국에 매우 넓게 퍼져있다.

예를 들어, 이 책에서 병법서로 소개한 『삼국지연의』에서는 몇 번이고 『손자병법』이 등장하고, 일본의 전국시대를 무대로 한 소설 등에서도 「손자」는 어렵지 않게 볼 수 있다.

5장

처음엔 처녀처럼 나중엔 토끼처럼

구지편(九地篇) ~ 용간편(用間篇)

9가지 지형과 대처법

구지편(九地篇) 1

구지(九地)란

구변편이나 지형편이 그렇듯이 구지편에서도 서두에 그 이름의 유래인 「구지」가 소개된다.

즉, 자국의 영토 안인 「산散」, 적국에 겨우 들어간 「경輕」, 적과 아군이 싸우는 「쟁爭」, 출입이 편한 「교交」, 몇 개의 세력에 인접한 「구衢」, 적국 깊숙하게 침입한 위치의 「중重」, 방해물이 많고 나아가기 어려운 「이圮」, 산으로 둘러싸인 「위圍」, 절체절명의 상황인 「사死」의 9가지 종류이다.

또, 「손자」는 구지 각각의 대처법을 기록했는데 아래에 정리해 두었으니 참조하길 바란다.

단순한 지형 조건뿐 만이 아니다

주목해야 할 것은 「손자」는 이 「구지」 중에 단순한 지형적 요인 산악지대나 방해물이 많은 장소 등 뿐만 아

9가지 지형과 그것의 대처법

「손자」는 지리적인 상황을 「구지」로 분류하고, 각각의 지리적인 상황에서 일어날 수 있는 문제와 그것의 대처를 위한 방법을 세세하게 설명한다.

❶ 산지  자국의 영토, 병사는 사기가 떨어지고 도망간다.
➡ **싸우지 않는 편이 낫다.**

❷ 경지  적국에 조금 침입한 장소, 병사의 전의가 낮다.
➡ **더욱 깊숙이 침입한다.**

❸ 쟁지 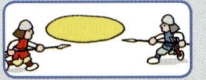 서로 손에 넣고 싶다고 생각하는 전술적인 요소
➡ **먼저 빼앗겼다면 방치한다.**

❹ 교지 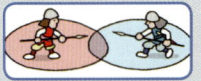 서로 자유롭게 진출하고 싸울 수 있는 장소
➡ **분단되지 않도록 주의하라.**

니라, 군대의 움직임이나 병사들의 심리, 그것에 더해서 국가 사이에 위치관계나 세력경쟁의 상황까지 다루고 있다는 점이다.

언뜻 보면, 지금까지와 마찬가지로 지형에 대한 설명만을 하고 있는 것처럼 보이는데, 여기에서 「손자」가 말하는 것은 한 발 더 나아가 많은 종류의 양상에 대해 요소를 파악한 뒤 군대를 움직이는 것이다. 그리고 여기에서 구지편은 구지 중 하나 - 적국 깊숙이 「중지」에 발을 들여놓는 것에 의의를 말하고 있다.

미니지식
「손자」와 지정학

여기서 말하는 「손자」의 사상 지리적 조건뿐만 아니라, 그 외의 상황과도 함께 분석한다과 비슷한 학문으로 오늘날에는 「지정학」이 있다.

이것은 지리적인 환경이 국가에 미치는 정치적, 군사적, 경제적 영향을 광범위한 시점으로 생각한 학문이다. 한 나라가 가지는 외교, 군사정책은 그 나라에 미치는 지리적 조건에 의해 결정된다는 생각에 입각해 「손자」의 생각과 다른 점도 많지만 공통점도 많다.

❺ 구지 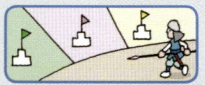 몇 개 세력이 인접하고 있는 외교적으로 중요한 장소
➡ 외교세력에 힘쓴다.

❻ 중지  적국에 깊숙이 침입한 장소. 병사의 심리가 매우 괴롭다.
➡ 식량, 심리문제를 해결하라.

❼ 이지  산림이나 늪지 등 행군하기 어렵고 기습당하기 쉬운 장소
➡ 들어갔으면 바로 벗어날 것. 아니면 애초에 들어가지 마라.

❽ 위지  산으로 둘러싸여 소수라도 다수와 싸울 수 있는 장소
➡ 탈출을 서둘러라.

❾ 사지  매우 불리한, 절체절명의 궁지
➡ 이것은 죽자사자 분전(奮戰)할 수 밖에 없다.

지형과 환경에 따라 군대의 움직임과 병사의 마음을 알아야 한다.

지휘관이 노려야 하는 장소

구지편(九地篇) 2-3

상대방의 협력 관계를 끊어라

상황을 파악하고, 적의 움직임을 읽고, 알았으면 거기에 맞게 효율적으로 군대를 움직이고, 적의 약점을 골라 공략한다 — 이것이 『손자병법』에서 이상으로 생각하는 전술이다. 그 때문에 여기에서는 명장이 노려야 하는 군대조직의 약점이 소개된다. 그것은 예를 들어 상대의 전위前衛와 후위後衛의 연락이라던지, 상대의 강한 부대가 약한 부대를 지원한다던지, 상사와 부하의 신뢰나 부조扶助관계가 있다. 즉, 서로 다른 두 개 집단의 협력관계의 형식을 부수고 분산되도록 하면 용이하게 적을 물리칠 수 있다.

 지휘관이 노려야 하는 장소

주의를 기울이지 않는 덮어놓고 느슨하게 군대를 움직이면 안 된다고 말하는 것은 「손자」가 반복해서 주장하는 것이다. 그럼 무엇을 노려야 할까?

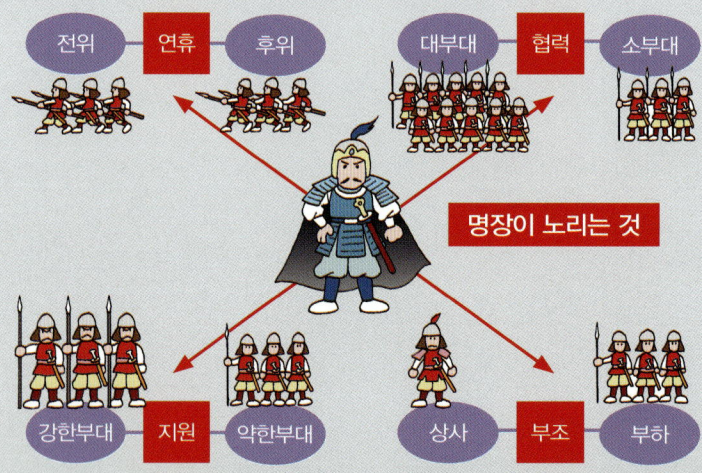

154

만전의 적의 약점

이와 같이 「손자」는 격투기를 예로 든다면 관절기關節技와 같은 수단을 가지고 적을 이산離散시키는 것을 주장하는데 반드시 모든 적에게 그런 약점, 급소가 되는 유대가 있을 리가 없다.

그럼, 책략이 실패하거나 죽을 힘을 다해 공격해 오는 상대인 경우는 어떻게 하면 좋을까?

하나는 일단 포기하고 다음 기회를 기다리는 것이고, 또 다른 하나는 다른 약점을 찾는 것이다. 즉, 상대보다도 빨리 상대의 소중한 것 유리한 지형, 보급기지 등을 빼앗으면 우위를 점할 수 있다.

미니지식

「반간계(反間計)」

적의 협력관계를 끊는 책략을 「반간」라고 한다. 유명한 예로, 유방과 항우가 싸운 초한 전쟁 때의 이야기가 잘 알려져 있다.

항우에게는 범증(范增)이라는 우수한 참모가 있었는데 후에 관계가 악화되어 그를 잃는다. 그것을 계기로 유방의 진에 온 항우의 사자가 극진한 대접을 받았다. 후에 「이 사람은 범증님이 보낸 사자가 아니었는가?」라고 하며, 슬쩍 흘려보낸 사건이다. 항우는 범증의 내통을 의심했지만, 사실은 유방의 「반간계」였던 것이다.

어쨌든 상대가 자기 전력을 만전을 다해 사용하지 않도록 방해하는 것이 중요하다.

【 한편 】

가지런해서 비집고 들어갈 틈이 없을 경우 적이 공격해 온다면 어떻게 하면 좋은가?」
➡ 「적보다 빨리, 적이 바라는 것을 빼앗으면 이쪽이 생각대로 움직일 수 있다」

「손자」는 속도를 다해 상대의 무방비를 공략하는 것이 중요하다고 반복한다.

 # 적의 내부 깊숙이 침공한다
구지편(九地篇) 4

일부러 나가라

적의 영토를 공격하기 위해 들어가야 할 때, 지휘관의 머리에 스치는 것은「깊이 들어가는 것은 금물」- '너무 깊이 발을 들여놓으면 위험하다'는 말이 아닐까. 적진 깊숙이 들어가면 들어 갈수록 귀환이 어려워지고, 보급선은 길어져야 하기 때문이다.

하지만「손자」는 일부러「깊숙이 들어가라」- 구지에서 말하는 중지, 적의 내부 깊은 곳까지 공격하라고 주장한다. 위험한 장소에 발을 들여 놓을 수밖에 없는 자들은 살아남기 위해 자연스럽게 일치단결하고 누가 시키지 않아도 적을 두려워하지 않고 방심도 하지 않는 우수한 병사들이 된다고 말한다.

그렇다고 앞으로 나아가는 것만이 좋은 것은 아니다

다만,「손자」는「무조건 앞으로 나아가라」고 말하는 것이 아니라, 그 전제 조건에 대해서도 설명하

 적의 내부 깊숙이 침공한다.

구지편은 그 실천으로「적을 공격하러 들어갈 때는 일부러 깊숙이 들어가 공격해서 유리하게 싸운다」는 것을 말하고 있다.

적지 깊숙한 곳까지 공격해 들어간다. 그렇게 하면 군대의 단결은 자연히 강화된다.

〈주의점〉
- 비옥한 지역을 빼앗아 보급을 안정화시킨다.
- 쓸데없는 잡무(雜務)로 병사를 지치게 하지 않는다.
- 장병이 정신적으로 단결할 수 있도록 한다.
- 작전을 적에게도 아군에게도 숨긴다.

고 있다. 그것은 예를 들어, 보급선이 길어지는 것을 방지하기 위해 비옥한 적지를 빼앗거나, 병사들을 위기상황에서 집중시키기 위해 불필요한 일을 시키지 않도록 하는 것이다.

또한, 군대를 일치단결시키는 것이 목적이기 때문에 사기를 높이기 위한 노력이 필요하고, 위험한 작전이기 때문에 그 내용을 누구에게도 알리지 않고 숨길 필요가 있다. 이런 것이 완전히 실행된다면, 병사들은 그 힘을 최대한 발휘할 수 있다. 기회가 오면 적의 심장부를 찌르되 병사들의 힘이 필사적이 됨을 말하고 있다. 이렇게 하면 적은 와해되고 만다.

에피소드

전제(專諸)와 조말(曹沫)

병사들이 용감하게 싸울 수 있도록 지도하는 것이 목적이지만 「손자」는 그런 병사들의 비유로 전제와 조말이라는 두 명의 인물을 거론한다. 전제는 오나라의 공자 광의 합려을 위해 오왕 료를 암살하는 인물이다. 한편, 조말은 노나라의 장군으로 제나라에 3번 패하지만, 화목을 다지는 자리에서 제나라의 환공을 단도로 위협해 영토를 되찾아 온 인물이다. 둘 다 춘추시대의 용맹한 사람으로서 목숨을 아까워하지 않는 인물로 이름이 높다. 병사를 그들과 같이 싸우게 하라고, 「손자」는 기술했다.

필사즉생(必死則生)

임진왜란 때 이순신은 10배의 적을 맞아 「죽기를 각오하면 살 것이다」라고 말했다. 그런 지휘관과 장병들은 어떤 적과 싸워도 지지 않는다.

사지에 몰린 병사는 절체절명의 상황에서도 하나가 되어 적을 두려워하지 않고 몸을 던져 싸우게 된다.

【 지휘관의 질타나 격려나 강요가 없어도 】

- 방심하지 않는다.
- 장군을 지지하고, 신뢰하고, 친근감을 가진다.
- 필요없는 것은 버리고 필사적이 된다.

적지에 깊이 들어가 병사를 그런 상황에 몰아넣는 것이야 말로
적국을 공격하는 원정군이 지켜야 하는 원칙이라고 「손자」는 주장한다.

상산(常山)의 뱀과 오월동주(吳越同舟)

구지편(九地篇) 5

온갖 공격에 대응할 수 있는 뱀과 같이

우수한 장군이 이끄는 군대의 비유로 「손자」는 「졸연卒然과 같이」라고 한다. 이 「졸연」이라는 것은 본래 「불현 듯이, 눈 깜짝할 사이에」를 의미하는 말이지만 여기에서는 상산이라고 하는 산에 깃든 전설의 뱀 이름이라고 한다.

이 뱀은 그 이름에 걸맞게 움직임이 빠르고 꼬리를 공격당하면 머리로 물고, 배를 공격당하면 꼬리와 머리 양쪽으로 호되게 공격해 온다. 이와 같이 어떤 부대가 공격당해도 다른 부대가 민첩하게 대응할 수 있는 것이 우수한 군대이다.

쫓길 때는 서로 돕는다

하지만, 군대를 효율적으로 움직이는 것은 어려운 일이며, 이것은 어디까지나 이상론처럼 생각

상산의 뱀과 오월동주

여기에서는 2가지 예로 「손자」가 주장하는 군대의 이상적인 모습 중 하나를 그리고 있다.

우수한 장군은 어떻게 군대를 움직이는가?

【 손자 말하길 「졸연」하게 】

졸연이란? ➡ 상산이라는 산에 전해져 내려오는 뱀

할 수 있다. 그러면 앞에서 소개한 「일부러 적진 깊숙이 공격한다」는 전술의 의미를 생각해 보자. 어려운 상황에 처한 병사들은 자연스럽게 서로 협력하게 되기 때문에 갑작스레 싸우는 것도 가능하다는 것이다.

이 비유로 「손자」가 소개하는 것이 유명한 「오월동주」라는 말이다. 보통은 견원지간인 원수 같은 오나라와 월나라 사람들이지만, 물에 둘러쌓인 배와 같이 도망칠 곳도 없는 환경에서 궁지에 몰리자 서로 으르렁거리지 않고 도왔다는 이야기이다.

에피소드

「오월동주」의 본래의 의미

위에서 설명한대로 「오월동주」라는 말은 원래 「원수끼리라도 위험에 닥치면 서로 협력한다」는 의미이지만 일반적으로 「원수가 같은 상황에 놓인다」 정도로 이해하는 것이 보통이다.

참고로, 「오」라는 것은 손자가 섬겼던 나라로, 「월」이라는 것은 그 오나라의 라이벌이었던 나라. 『손자병법』에도 「월에게 이기기 위해서는~」이라는 설명을 볼 수 있는데 월이 가까운 가상의 적이었음을 알 수 있다.

머리 · 배 · 꼬리 어디를 공격당해도 다른 두 곳으로 반드시 반격한다.
군대도 이와 같이 민첩하게 반응해야 한다.

상산의 뱀과 같은 군대를 만들 수 있는가? ➡ 위험한 상황이 닥치면 가능하다.

구체적인 사례로 「오월동주」의 이야기가 있다.
**사이가 나쁜 오나라 사람과 월나라 사람이지만 배가 침몰하려고 하자,
자연스럽게 서로 도왔다는 이야기이다.**

위험한 상황을 만나야 비로소 사람들은 그 실력을 발휘하는 법이다.

사지에 발을 들여놓는 장군이 해야 할 것

구지편(九地篇)6-7

「구지(九地)의 변(變), 굴신(屈伸)의 이(利), 인정(人情)의 리(理)」

일부러 적진 깊숙이 공격하러 들어가는 것의 이점은 지금까지 설명한 대로이지만, 난이도가 높은 작전이기도 하기 때문에, 장군에게는 많은 것이 요구된다. 그렇기 때문에 여기에서 「다른 사람의 위에 서는 장군은 어떻게 해야 하는가?」라는 문제를 구체적으로 시사하고 있다.

그 내용을 정리하면 「구지의 변, 굴신의 이, 인정의 리는 반드시 잘 살피지 않으면 안 된다」 – 지형이나 상황에 대응, 진군이나 철수를 하는 타이밍의 판단, 병사들의 마음의 동요를 파악하는 것, 3가지를 반드시 해야 한다.

병사를 다그쳐라

그럼, 그런 충고로부터 특히 중지와 사지에 발을 내딛은 경우를 골라 전술로 이야기 해보자.

사지에 발을 들여놓는 장군이 해야 할 것

구지편에서 강조하는 적국의 영토를 침공하는 것. 여기에서는 그 때 지휘관에게 요구되는 여러 가지 것을 소개한다.

【 장군이 가져야 할 자질과 해야 할 것 】

- 미신적 행사를 금지하고 부하가 망설이지 않도록 ➡ 위기에 빠져도 동요하지 않는다.
- 침착하도록 하고, 깊은 지혜를 가지고, 공명한 판단력을 가지고 자신을 제어하는 사람이 되라.
- 자신의 작전계획을 비밀로 하고 부하에게도 새어 나가지 않게 한다. ➡ 정보는 중요
- 부대가 집결하는 장소를 바꾸고 진로도 바꾼다. ➡ 적에게 진행경로를 들키지 않게 된다.

그것은 결국, 병사들을 무엇이 어떻게 되어도 싸워야 하는 상황으로 내모는 것이고, 비유를 하자면「높은 곳에 올라도 사다리를 치워서 돌아오지 못하도록」하라던지,「양떼를 내몰 듯이」등 어쨌든「이미 뒤로 물러날 곳이 없으니까 앞으로 나아갈 수밖에 없다」는 방침을 철저히 해야 한다. 그리고 구체적으로「배나 취사도구도 망가뜨려라」고 기술한 부분도 있지만, 이것은 후에 주석으로 들어간 것이다.

「구지」의 보충?

구지편의 일곱 번째의 문장은 이미 기술한「구지」의 보조적인 내용이다. 그것은 예를 들어 자국의 영토 내에 있는「산지」에서는 문장 그대로 병사가 분산되기 쉽기 때문에 병사의 마음을 잡도록 주의를 기울여라. 양국이 다투는「쟁지」에서는 얻은 것을 놓치지 않기 위해 급히 전진하라, 적진 깊숙한 곳인「중지」에서는 보급에 신경 쓰라고 시사하고 있다. 이 부분에 대해서는 다른 문장과 중복이 되기 때문인지 해설서에 따라 채택하지 않는 것도 있다고 한다.

● 일정한 방법을 계속 사용하는 것이 아니라, 전법을 바꾼다 ➡ 누구에게도 작전을 들키지 않게 된다.

【 실제로 전투를 하면 】

전투 개시전 : 배를 태우고, 취사도구를 부순다.
후퇴는 없다는 결의를 보여주고, 병사들의 마음을 독하게 잡는다.

나무 위에 올려놓고 사다리를 치우듯이, 말 잘듣는 양떼를 몰듯이.

패왕(覇王) 군을 지휘하는 자는

구지편(九地篇) 8

알아야 할 3가지

패왕 – 무력으로 천하를 통일하고 다스리는 자이다. 그럼 그 패왕의 군대를 지휘하는 자에게 요구되는 것은 무엇일까?

하나, 주변의 여러 세력의 계획을 알지 못하면, 동맹관계를 맺을 수 없다.

둘, 적국의 지형을 알지 못하면 군대를 움직일 수 없다.

셋, 현지인의 안내를 받지 못하면 지형을 활용할 수 없다.

이 세 가지 중 하나라도 갖춰지지 않으면 패왕의 군대가 아니라고 「손자」는 말한다. – 반대로 말하면, 이것을 완벽하게 파악한 지휘관이야 말로 군주를 패왕으로 만들 수 있다고 할 수 있는 것이다.

孫子兵法 패왕 군을 지휘하는 자는

광대한 영토를 통치하는 패왕의 군대를 통솔하는 지휘관은 적지에 발을 들여놓고도 유리하게 싸우는 자여야 한다.

- 주변 여러 나라의 의도를 살피는 것을 못한다. ➡ 중요할 때 동맹이 맺어지지 않는다.
- 적국 내에 위험한 지역의 정보를 파악하지 못한다. ➡ 적지에서 군대를 전개시키지 못한다.
- 현지인의 길 안내를 활용하지 못한다. ➡ 지형을 활용하지 못한다.

이런 자는 패왕의 군대를 지휘할 자격이 없다.

상대가 강적이면, 힘을 소모시켜라

계속해서, 구체적인 행동 내용으로 패왕의 군대를 생각해 보자.

예를 들어, 강대한 힘을 가진 적과 싸우는 경우다. 그럴 때는 적이 전력을 집중하지 못하도록 또는 동맹국이나 종주국으로부터 지원을 받을 수 없도록 책략으로 방해하고, 자신도 마찬가지로 주변 세력으로부터 지원을 받지 못해도 이 강적을 무찌르는 군대가 패왕의 군대이다.

그 외에도 몇 가지 더 소개하고 있지만, 재미있는 것은 「무법無法의 상賞」과 「무정無政의 영令」 – 제도가 없는 은상恩賞이나 법령을 권장하고 있는 점이다. 형별과는 다른 임기응변에 대응해야 한다는 것이다.

> **미니지식**
>
> **「패왕」과 「패자」의 의미**
>
> 여기에서는 「강대한 힘을 가진 천하의 질서를 유지하는 왕」이라는 의미로 사용된 「패왕」이라는 단어는 기본적으로는 별로 좋은 이미지로 쓰이는 단어는 아니다.
>
> 그 유래는 유가의 맹자가 주장한 「패도(覇道)」「왕도」에 있다. 맹자는 힘으로 나라를 다루는 법을 패도, 그 왕을 패왕이라고 하고, 그 반대로 덕으로 나라를 다스리는 법을 왕도라고 하고, 전자는 좋지 않은 것으로, 후자는 이상적인 것으로 거론했다. 여기에서 유래된 이미지이다.

그럼, 패왕의 군대란 어떻게 행동해야 하는가?

【 강국을 공격한다 】

적이 전력을 집중하지 못하도록 한다. 또는 종주국의 지원을 방해한다.

서로 전력만으로 승부를 가를 수 있도록 상황을 만든다.

【 강국을 공격한다 】

- 공을 기려 상을 수여할 때는 제도에 집착하지 않는다.
- 자신의 의도나 위험을 적에게도 아군에게도 알리지 않는다.
- 일부러 위험한 장소에 군대를 보낸다.

처음에는 처녀와 같이, 나중에는 달아나는 토끼와 같이

구지편(九地篇) 9

적의 생각을 읽어라

적지에 들어갈 때에는 일부러 그 속으로 깊숙이 들어가라 – 그 일련의 가르침의 최후에 「손자」가 힘주어 말하는 것은 상대가 무엇을 생각하고 있는지를 파악한 뒤에 행동하라는 것이다.

이 전술에는 기습의 의미가 강해서, 상대에게 생각을 들키면 함정에 빠질 가능성이 높다. 그렇게 되면 병사들을 용감하게 싸우게 해도 곧 패배할 것이 뻔하다. 그렇기 때문에 「이쪽은 상대가 무엇을 생각하고 있는지 알고 있고 틈을 노릴 수 있으나 상대는 이쪽의 의도를 모른다」는 상황을 만들 필요가 있다.

「처녀」와 「달아나는 토끼」

그것을 위한 전술의 비유로 「손자」가 말하는 것이 「처녀」와 「달아나는 토끼」의 예이다.

孫子兵法 처음에는 처녀와 같이, 나중에는 달아나는 토끼와 같이

적지 깊숙이 공격해 들어갈 때 해야 할 것을 비유해서 「손자」는 「처녀」와 「달아나는 토끼」를 예로 든다.

적지 깊숙이 침공해서 싸움을 벌이는 경우 요점은 **상대의 의도대로 움직이는 척을 할 것.**

↓

전쟁을 결단했다면 관련된 장소를 봉쇄하고 적의 사자와 관계를 끊어라

➡ **정보를 차단하고, 적에게 들키지 않도록 전력을 집중하라.**

↓

한편으로 적의 틈을 살피고 중요한 거점을 공격한다.

우선, 처음에는 처녀 – 시집가기 전의 처자가 그렇듯 얌전하게 행동하여 전혀 의도를 알지 못하게 한다. 구체적으로는 작전회의를 간부들끼리만 비밀리에 진행하고, 전장에 나아가기 전에는 관련된 장소를 전부 봉쇄하여 정보가 새어나가는 것을 막는다.

그리고, 드디어 군대를 출전시키면「달아나는 토끼」– 목숨을 지키기 위해 쏜살같이 달아나는 토끼와 같이 빠르게 적진 깊숙이 들어가 명백하게 정해둔 제1목표를 빼앗는다. 이와 같이 행동하면 작전은 성공할 것이다.

에피소드
독일의 전격전

제2차 세계대전 초에 독일은 구소련과 불가침 조약을 맺는다. 그러나 그 뒷면에는 소련을 칠 전단계로써 진짜 의도를 감춘 것이다.

독일은 폴란드, 체코, 오스트리아를 합병하면서 소련에게는 동구권 국가들을 나누어 갖자고 하면서 철저히 속인다. 독일은 상대방을 이렇게 방심시켜 놓은 사이 3갈래의 방향으로 빠른 속도로 소련을 침공했다. 일단 작전은 대성공을 거두었지만 한 가지 중요한 약점이 있었다. 주변국의 비난으로 호응을 받지 못한 점이다. 또 하나는 상대방 소련의 국토가 너무 넓었던 점이다. 끝이 안보이는 광대한 대지를 계산에서 빠뜨린 것일까? 자연히 보급로가 길어지고 혹독한 추위의 겨울이 닥치자 소련의 반격을 받아 참담하게 패배를 맞고 말았다. 어쩌면「손자」가 말한 필패와 필승의 계가 함축되어 둘다 들어 맞는 결과에 그저 놀라울 뿐이다.

【 실천법 】

처음에는 **처녀**와 같이 행동하고,
결혼하지 않은 여성과 같이 얌전하게 행동해서,
적이 방심하도록 유도하고 후에 칠 틈을 찾는다.

틈이 보인다면 달아나는 **토끼**처럼 움직여라.
달아나는 토끼와 같은 속도로 상대의 틈을 파고들어 적이 대응하지 못하는 사이에 몰락시킨다.

「손자」를 활용한 주요 인물들
- 근현대 -

한국(韓國)
박정희(朴正熙)

생몰(生沒)	1917년 11월 14일 ~ 1979년 10월 26일
별명(別名)	중수(中樹)
출신(出身)	경상북도 선산(善山)

1960년 대한민국 국군 군수기지 사령관, 1961년 제2군 부사령관으로 재임 중 5.16 군사혁명을 주도하여 7월 국가재건 최고회의 의장이 된다. 이어 5대 대통령에 취임하고, 북한과 대치 중이면서도 가난하고 못사는 나라에 걱정이 많았던 박정희는 경제 재건에 힘을 기울였으며, 그에 수반되는 자주국방의 기치를 들었다. 그가 이룬 경제 개발은 국가발전에 초석이 되었으나, 부하의 손에 운명하고 말았다. 카리스마를 가지고 손자의 부국강병의 가치를 실천에 옮긴 사람이다.

본 일러스트는 「한국어 번역판」을 위해 도서출판 골든벨에서 독자적으로 그린 일러스트입니다.

기타(其他)
미하일 프룬제

생몰(生沒)	1885년 2월 2일 ~ 1925년 10월 31일
별명(別名)	불명(不明)
출신(出身)	키르기즈스탄 비슈케크

러시아 혁명의 지도자 중 한 명. 레닌이 통솔한 정당 볼셰비키에 들어가, 1905년에 제1차 러시아 혁명에서 데모를 일으키지만 실패하고, 종신형을 받아 시베리아로 보내진다. 그 기간에 「손자」 등을 읽고 군사 지식을 익혀, 후에 탈주한 뒤로는 군대의 사령관으로 각지에서 성과를 거뒀다.
게릴라전의 명수

일본(日本)
아카시 모토지로(明石元二郎)

- **생몰(生沒)** 1864년 9월 1일 ~ 1919년 10월 26일
- **별명(別名)** 불명(不明)
- **출신(出身)** 치쿠젠노쿠니하카타다이묘마치(筑前國博多大名町)

메이지(明治)시대부터 타이쇼(大正)시대까지 활약한 육군군인. 러일전쟁 전에 프랑스와 러시아에 주재무관으로 임명되어, 주로 정보수집을 했다. 그리고 러일전쟁이 일어나자, 아카시(明石)의 주임무는 스파이로써 뒤에서 러시아를 교란하는 것이었다. 결과적으로 러시아 국내 정세를 불안에 빠지게 하는 큰 성과를 거둬, 대한해협 해전 뒤, 러시아는 전쟁을 계속하는 것을 단념하게 된다. 전쟁이 끝난 뒤에는 대장까지 승진한다

기타(其他)
호치민(胡志明)

- **생몰(生沒)** 1890년 5월 19일 ~ 1969년 9월 2일
- **별명(別名)** 구엔신쿤「아명(兒名)」, 구엔아이쿠옥(바뀐 이름)
- **출신(出身)** 베트남 게안성(省)

베트남 독립운동의 중심인물. 청년시절, 베트남을 지배하고 있었던 프랑스로 건너가 식민지 해방운동에 힘을 기울인다. 1941년에 귀국하자 프랑스와 일본군 양쪽에 대항해서 혁명을 일으켜 성공한다. 베트남 민주공화국의 초대 대통령이 된다. 베트남은 남북으로 분단되지만, 호치민은 계속해서 조국통일을 위해 싸우고, 미국과 베트남 전쟁에서도 카리스마를 발휘해 인민을 이끈다.

여러 가지 병법서 병법36계(兵法三十六計)

- 저자(著者) : 불명(不明)
- 성립(成立) : 5세기까지 일들을 17세기 명(明)나라 말기 청(淸)나라 초기에 편집?
- 구성(構成) : 36계(計)를 6단계로 분할(分割)

중국에서는 「손자」보다 유명

여러 시대의 옛 이야기나 교훈을 토대로 36개의 전술로 편집한 것이 이 『병법36계』이다. 1950년대 경 중국이 혼란에 빠져 있던 시기에 유행해서 「손자」보다도 민간에서 인기가 있었다고 한다.

하지만 전술이라고 하기 어려운 것도 들어가 있다. 구호탄랑驅虎吞狼내부분열을 일으킨다나 10면매복十面埋伏복병을 숨겨놓는다 등 유명한 전술이 빠져있어 다듬어지지 않은 점에 대해 많은 비판을 받는 병법서이다.

참고로 「36계 줄행랑」이라는 옛이야기는 송나라 장군 단도제檀道濟의 이야기로, 이 책과는 관계가 없다.

구체적인 내용

이 병법서에 게재된 36가지 전술은 「승전계(勝戰計)」, 「적전계(敵戰計)」, 「공전계(攻戰計)」, 「혼전계(混戰計)」, 「병전계(併戰計)」, 「패전계(敗戰計)」의 6개의 단계로 나누어져 각각 어떤 상황에서 사용해야 하는지를 소개하고 있다.

그 중에서 대표적인 것을 몇 개 소개하겠다. 제6계 「성동격서(聲東擊西)」는 「동쪽에서 소리를 내고 주의를 끌어, 서쪽에서 공격한다」는 말로 유도작전 중 하나이다. 또 제32계 「공성계(空城計)」는 야전(野戰)에서 졌을 때 성에서 공격당하는 것을 방지하기 위해 일부러 성을 빈 것처럼 보여 적을 유인하여 혼란에 빠뜨리는 계책을 말한다.

여러 가지 병법서 전국책 (戰國策)

- 저자(著者) : 유향(劉向)
- 성립(成立) : 중국(中國) 전한시대(前漢時代)
- 구성(構成) : 33편

설객(說客)들의 기록

전술이나 전략 혹은 바른 정치를 기록한 다른 병법서와 달리, 이 『전국책』은 중국의 전국시대의 설객언변이나 예절을 무기로, 각지를 돌며 영주에게 영향을 미치거나, 외교관으로 활약한 사람들이 어떤 것을 말하고 어떤 것을 제안하고 어떤 말을 남겼는지를 정리한 권모술수權謀術數를 기록한 것으로써 역사서이다.

성립에 대해서는 원래 있었던 기록을 전한前漢의 유향劉向이 정리했다고 한다. 그 후 일부가 산실散失되었지만 수정되고, 보충되는 등 현재의 모습으로 갖추게 되었다

참모(參謀)의 태도

병법서로써 이 책을 봤을 때 얻을 수 있는 것은 「군주에게 좋은 조언을 하기 위해선 상대가 흥미를 가지도록 준비하는 것과 상대가 의견을 구하도록 하는 것이다」 등이다.

또한, 이 전국책에서는 몇 가지 유명한 관용구가 탄생한다. 원래 「전국시대」라는 말 자체가 이 책의 제목에서 유래되었고, 그 외에도 「뱀의 발」없어도 되는 것이나 「호랑이의 위엄을 빌린 여우」다른 사람의 권세를 빌려 위엄을 뽐내는 사람」, 「어부지리」두 사람이 싸우는 중에 제 3자가 이익을 손에 넣는 것 등이 있다.

 다섯 가지 화공(火攻)

화공편(火攻篇) 1

무엇을 노리고 불을 지르는가?

예부터 불로 공격하는 것은 매우 효과적인 공격수단 중 하나로 동시에 일반적인 무기 검이나 창이나 활와는 다른 특수한 무기이기도 하다. 「손자」도 이것을 높이 평가하고 있어 이것을 위해 한 장을 할애했다.

이 장에서 처음에 말하는 것은 불로 공격하는 것에 5가지 종류가 있다는 것이다. 이것은 주로 무엇을 대상으로 하는가에 따라 달라지는데, 사람을 노리는 「화인火人」, 적재된 물자를 노리는 「화적火積」, 운송부대를 노리는 「화치火輜」, 창고를 노리는 「화고火庫」, 그리고 마지막에 길을 차단하는 것이 목적인 「화수火隧」이다.

孫子兵法 다섯 가지 화공

오랜 시간동안, 화공은 매우 인기 있는 전술 중 하나였다. 「손자」에서도 한 장을 이 전술을 위해 할애하고 있다.

【 화공의 다섯 가지 종류 】

1 : 화인(사람을 노리는 화공) ➡ 병영에 불을 질러 병사를 태워 버린다.

2 : 화적(쌓여있는 물자를 노리는 화공) ➡ 바깥에 모아둔 축적된 물자에 불을 붙인다.

화공의 세 가지 조건

계속해서 「손자」는 이 다섯 가지의 화공을 실행하기 위한 세 가지 조건 – 「인因」, 「시時」, 「일日」에 대해 설명한다.

　이 중 「인」은 해석이 분분해서 용간편用間篇에서도 말하는 인간因間 적국 내 첩자이라고 하거나 「무엇을 위해 불을 지르는가」라는 목적이라고 하거나, 방화를 위한 자재資材라고도 하는데, 기본적으로는 이것을 모두 준비하는 것이라고 해석해야 할 것이다.

　남은 「시」는 계절 – 공기가 건조한 시기로, 「일」은 강한 바람이 부는 시간을 말한다. 불이 가장 효율적으로 퍼져나가는 순간을 노리라는 말이다.

> **미니지식**
>
> ### 성좌(星座)와 바람의 관계
>
> 화공의 세 가지 조건인 「일」 – 즉, 화공에 적합한 시간을 설명하는 중에 「손자」는 「달이 기(箕), 벽(壁), 익(翼), 진(軫) 4개의 성좌 위치에 들어와 있을 때, 바람은 강하게 분다」고 한다.
> 오늘날 상식으로는 이해하기 어렵지만, 고대 중국에서는 바람은 별에서 불어오는 것이기 때문에, 천문현상과 성좌와는 밀접한 관계가 있다고 생각했다. 아마, 이 기술은 그런 사상에 손자 자신이 경험한 오랜 실전 체험이 더해져 나온 것일 것이다.

3 : 화치(치중대(輜重隊)를 노리는 화공) ➡ 운송도중에 물자를 태워 버린다.

4 : 화고(창고를 노리는 화공) ➡ 창고에 불을 질러 물자를 태워 버린다.

5 : 화수(길에 불을 지르는 화공) ➡ 적의 이동로에 불을 질러 이동을 방해한다.

【 화공의 조건 】

인 ➡ 인간이나 불을 붙이는 자재 등 준비를 하는 것

시 ➡ 공기가 건조한 시기를 알아 둘 것

일 ➡ 바람이 강하게 부는 시간을 알아 둘 것

화공과 관련된 「오화의 변화」

화공편(火攻篇) 2-3

화공의 경우 상황의 변화

시시각각 변하는 전쟁의 상황을 파악한 뒤에 임기응변으로 대처하는 것이 『손자병법』의 기본이자, 궁극적 의미이다. 그것은 물론 화공에서도 마찬가지이다. 그것을 위해 「손자」는 화공에 있어서 벌어질 수 있는 상황의 변화를 「오화의 변화」로 정리하고 있다.

 하나, 적진에서 불이 나면 곧장 돌입하라. 둘, 상대가 평정심을 유지하고 있다면 잠시 상태를 살펴라. 셋, 반드시 내부에서 불을 지르는 것에 연연하지 말라. 넷, 바람을 등지고 공격하라. 다섯, 낮의 바람은 밤에 멈춘다. 이 상황을 파악한 뒤에 싸우는 것이 불을 이용해 싸울 때 요점이 된다.

화공과 수공의 대비

그리고 「손자」는 같은 특수한 전술인 화공과 수공을 비교하고 분석한다. 이에 따르면 「불을 가지

화공과 관련된 「오화의 변화」

화공을 유효하게 이용하기 위해서는 주의해야 할 점이 있다. 그리고 「손자」는 화공과 수공의 차이도 기술하고 있다.

【 불로 공격할 때 주의점 ➡ 오화의 변화 】

❶ 불이 적진에 났다면 빨리 공격해라.

❷ 불이 났는데 적이 평정심을 잃지 않았다면 공격하지 말라.

➡ 불이 난 것을 보면서 임기응변으로

고 공격을 하는 자는 면밀하다. 물을 가지고 공격을 하는 자는 강하다」 – 즉, 공격의 보조 수단으로 불을 사용하는 자에게 중요한 것은 상황을 판단하는 면밀함이지만 공격의 보조 수단으로 물을 사용하는 자에게 중요한 것은 그것을 위한 준비나 실행에 막대한 병력과 재력을 사용할 수 있는 '강력함이다'라고 한다.

그리고 적에게 직접 손상을 입히는 화공과는 달리 수공은 상대의 움직임을 막고 병량兵糧을 공격하는 등 보조적 수단이다. 지휘관은 이런 것도 파악해야 할 필요가 있다.

에피소드
적벽대전(赤壁大戰)

화공이 효과를 발휘한 전쟁은 많지만, 그 중에서도 가장 유명한 것 중 하나가 삼국시대의 적벽대전이다. 중국 북부를 제압한 조조는 대군을 이끌고 남쪽으로 내려왔다. 이것에 대항해 유비와 손권 두 사람은 연합군을 결성해 대항하려고 하지만 전력 차이가 압도적으로 열세였다. 하지만 적벽에서 일어난 수상전은 조조를 후퇴하도록 이끌었다. – 연합군은 불로 조조의 대함대를 불태워 버렸다. 통상적으로 무기로 공격했으면 공격하지 못했을 공격이었다고 할 수 있다.

❸ 내부에서 불을 지르는 것이 효과가 있다.

➡ 밖에서도 불로 공격할 수 있다면 어떤 것이던 연연하지 않는다.

❹ 불이 났다면

➡ 바람을 가슴에 안지 말고 바람을 등지고 공격한다.

❺ 낮에 부는 바람은 밤에는 멈추기 때문에

➡ 그것을 계산에 넣어 시기를 정하라.

【 화공과 수공 】

● 불로 공격할 때 필요한 것은 상황을 살피는 것 (면밀함)
● 물로 공격할 때 필요한 것은 상황을 만드는 것 (강대함) ➡ 적군을 분단시키는 것이 목적이다.

 전투를 가볍게 여기고 임해서는 안 된다

화공편(火攻篇) - 4

승리했다면 전쟁에서 올린 성과를 얻어라

지금까지 화공의 방법에 대해 말한 화공편이지만 마지막에는 내용이 완전히 바뀌어, 『손자병법』을 총정리하는 내용이 나온다. 그 취지는 즉, 「쓸데없는 싸움은 하지 않는다」 - 서두의 「전쟁은 국가의 존폐 여부의 중대한 것임을 알라」고 한 것과 대비되는 내용이라 할 수 있다.

우선, 「손자」는 싸워서 승리했다면, 그 성과를 얻지 않거나 혹은 얻어도 축적하거나 정비하고 그 후에 사용하지 않는 것은 매우 좋지 않으며, 그런 짓은 「비류費留」 - 쓸데없는 것이라고 한다.

분노에 몸을 맡기지 말라

즉, 전쟁이라는 것은 나라의 이익을 얻기 위해 일으키는 것이기 때문에 고생해서 얻은 성과를 나라 또는 민생에 환원하는 것으로 생각한다면 전쟁을 해야한다고 말하는 것이다.

전투를 가볍게 여기며 임해서는 안 된다

화공편의 마지막에 「손자」의 주장을 정리한 내용이 씌어 있다. 그것은 「쓸데없는 싸움은 하지 말라」는 것이다.

【 원래 】

승리해 가지고도 성과를 얻지 못한 것은 절대 좋지 않은 것

그것은 「시간 낭비」이다.

즉, 군주나 지휘관이 분노나 원한 같은 개인적인 감정만을 이유로 전쟁을 일으키는 것은 매우 어리석은 행위이다. 어쨌든 사람의 감정은 때에 따라 변하지만, 그 전쟁에서 잃는 사람의 목숨이나 전쟁에 패해서 몰락한 나라는 절대 돌이킬 수 없기 때문에 어느 쪽을 더 소중하게 해야 하는지는 말할 것도 없다. 신중한 군주와 장군이야 말로 나라를 지키는 자이다.

보충

왜 화공편의 마지막에?

원래 화공편은 「손자」 13편 중 12번째 편에 속해 있다. 그럼에도 불구하고 여기에서 말한 내용은 위에서 말한 것과 같이 전체를 정리하는 마지막 부분에 어울린다고 할 수 있다.

이 문제에는 『죽간본』의 발견이 하나의 해답이 된다. 즉, 이 자료에는 원래 최종편인 용간편이 12번째로, 화공편이 13번째로 되어 있었다. 그랬기 때문에 화공편이 전체를 망라하기 위한 것이라고 추측된다.

나라의 이익을 가져다 주지 않는 군사행동을 하면 안 된다.

특히, 상대방에게 자신의 감정을 앞세워 전쟁을 해서는 안 된다.

【 이유 】

격정에 사로잡히거나 원한을 이유로 전쟁을 일으키면 안 된다.

➡ 감정의 변화는 돌이킬 수 있어도 전쟁으로 인해 사람의 죽음이나 나라의 멸망은 돌이킬 수 없다

총명한 군주와 우수한 지휘관은 신중하고, 경솔한 행동을 하지 않는다.

➡ **국가는 안정되고 군대도 계속해서 힘을 보유할 수 있다.**

「손자」를 활용한 주요 인물들

독일(獨逸)
프리츠 폰 만슈타인

- **생몰(生沒)** 1887년 11월 24일~1973년 6월 11일
- **별명(別名)** 에리히 폰 레빈스키
- **출신(出身)** 독일 베를린

만슈타인은 제2차 세계대전 당시 독일 육군을 이끌었던 장군으로 매우 뛰어난 전공을 세워 오늘날에도 「가장 뛰어난 군사 전략가(기동전의 대가)」로 평가받는다. 룬트슈테트 원수의 참모장으로 프랑스 침공 작전을 성공시켰으며, 소련 침공 당시에는 4일만에 320km를 전진하는 놀라운 기동력을 보였다. 원수로 진급된 후에는 러시아 작전에서 히틀러의 전선 사수 명령을 듣지 않고, 패잔병을 수습하며 후퇴하면서도 소련군 20여개 사단을 괴멸시켰다.

중국(中國)
백규(白圭)

- **생몰(生沒)** ? ~ ?
- **별명(別名)** 불명(不明)
- **출신(出身)** 불명(不明)

『사기』에도 기술된 중국 전국시대의 상인. 『손자병법』을 배워서 백규는 이것을 활용해 임기응변에 능했고 막대한 부를 축적했다. 이 때문에 상거래의 천재로 오늘날까지 전해지고 있다. 「손자」는 오늘날에도 비즈니스에 응용되고 있는데, 그 원조라고 할 수 있는 인물이다.

본 일러스트는 「한국어 번역판」을 위해 도서출판 골든벨에서 독자적으로 그린 일러스트입니다.

미국(美國)
조지 S. 패튼

- 생몰(生沒) 1885년 11월 11일~1940년 12월 21일
- 별명(別名) 없음
- 출신(出身) 미국 캘리포니아주 레이크 비니어드

패튼의 전술관은 적의 약점을 즉시 공략하여 신속한 기동으로 적을 제압하는 방식이었다. 노르망디 상륙작전에서 큰 활약을 했으며, 튀니지에서 롬멜의 기갑군을 격파했으며, 북프랑스에서는 하루에 110km 진격이라는 놀라운 돌파력을 과시한 바 있다. 발지 전투에서는 포위되어 고립되어 있는 101공수사단을 구출해 내기도 했다.
전선의 현장 파악에 뛰어났으며, 예상을 뛰어넘는 과감한 공격이 그의 특징이었다.

한국(韓國)
고선지

- 생몰(生沒) ?~755년
- 별명(別名) 없음
- 출신(出身) 고구려(高句麗) 국적은 중국 당(唐)

고구려 유민 출신의 당나라 장수. 741년 천산산맥(天山山脈)을 넘어 이슬람 지역을 정복한 그는, 747년 그의 군단은 해발 5000m급의 파미르 산맥을 넘어 타라스강까지(지금의 우즈벡 지역) 들어가 아랍의 연합군과 싸웠다.
당나라의 수도 장안과 4000km나 떨어져 있는 곳의 전쟁이라 보급이 전혀되지 않는 가운데서도 어렵게 적지에서 자급자족하며 70여개 나라를 정복했으며, 그 공으로 749년 좌금오위 대장군에 봉함을 받았다.

본 일러스트는 「한국어 번역판」을 위해 도서출판 골든벨에서 독자적으로 그린 일러스트입니다.

 「손자」로 보는 전투 –

정형(井陘)전투(배수진(背水陣))

시황제의 죽음과 함께 거대제국 진나라는 몰락하고, 초나라의 항우와 한나라의 유방이 서로 경쟁하는 초한楚漢 전쟁의 시대가 도래한다. 이 와중에 명장으로 이름을 날린 것이 유방의 부하 한신韓信이다. 그리고 그에 대한 가장 유명한 이야기 중 하나가 정형전투— 그리고 거기서 사용한 전술은「배수진」이다.

이 무렵, 한신은 주군 유방이 항우와 싸우고 있는 중이었고, 그는 각지를 평정하는 작전을 펼치고 있어서 위나라, 대나라 다음에 조나라를 공격했다. 이 직전에 유방을 위해 병사를 나눠서 한신의 병사의 수는 적었고, 조나라의 승상 진여陳余는 그를 맞이해 대군으로 누르려 했다.

일부러 도리를 무시한다

이 때,「손자」의 말을 무시하고 한신을 얕본 진여와 달리, 한신은 기책을 내놓았다. 일부러『손자병법』에서도 금지한 강 쪽에 진을 치고 열세에 몰리자 그곳으로 숨어들었다.

이렇게 되자 조나라의 승리가 눈앞에 와 있는 것처럼 보였으나 궁지에 몰린 한나라 군은 놀랄 만큼 완강하게 싸워 조나라 군대가 버거워 하는 사이에 한신의 한나라의 별동대가 조나라의 요새를 점거해 버렸다. 이 싸움은 한나라의 승리로 끝났다. 한신은「손자」를 무시한 것처럼 보이지만, 병사를 위험에 몰아넣는 작전과 적의 약점을 노리는 작전을 함께 사용해「손자」가 말한 대로 승리했다.

보충

「배수진」은 반드시 유효한가?

이리하여 한신의 명예를 높인「배수진」이라는 말까지 탄생한 이 전쟁에서, 이 작전이 일반적으로 유효한지 아닌지 묻는다면 유감스럽게도 그렇지 않다. 한신이 여기에서 승리를 얻은 것은 병사를 위험에 몰아넣는 전술은 다만 시간을 벌기 위해 사용했을 뿐이고, 따로 별동대로서 요새를 노리는 또 하나의 전술이 있었기 때문이다. 저돌적인「배수진」이라고 해도 미리 또 하나의 대책을 세우지 않으면 의미가 없고 단지 병사가 지쳐 최후에는 죽게 될 뿐이다.

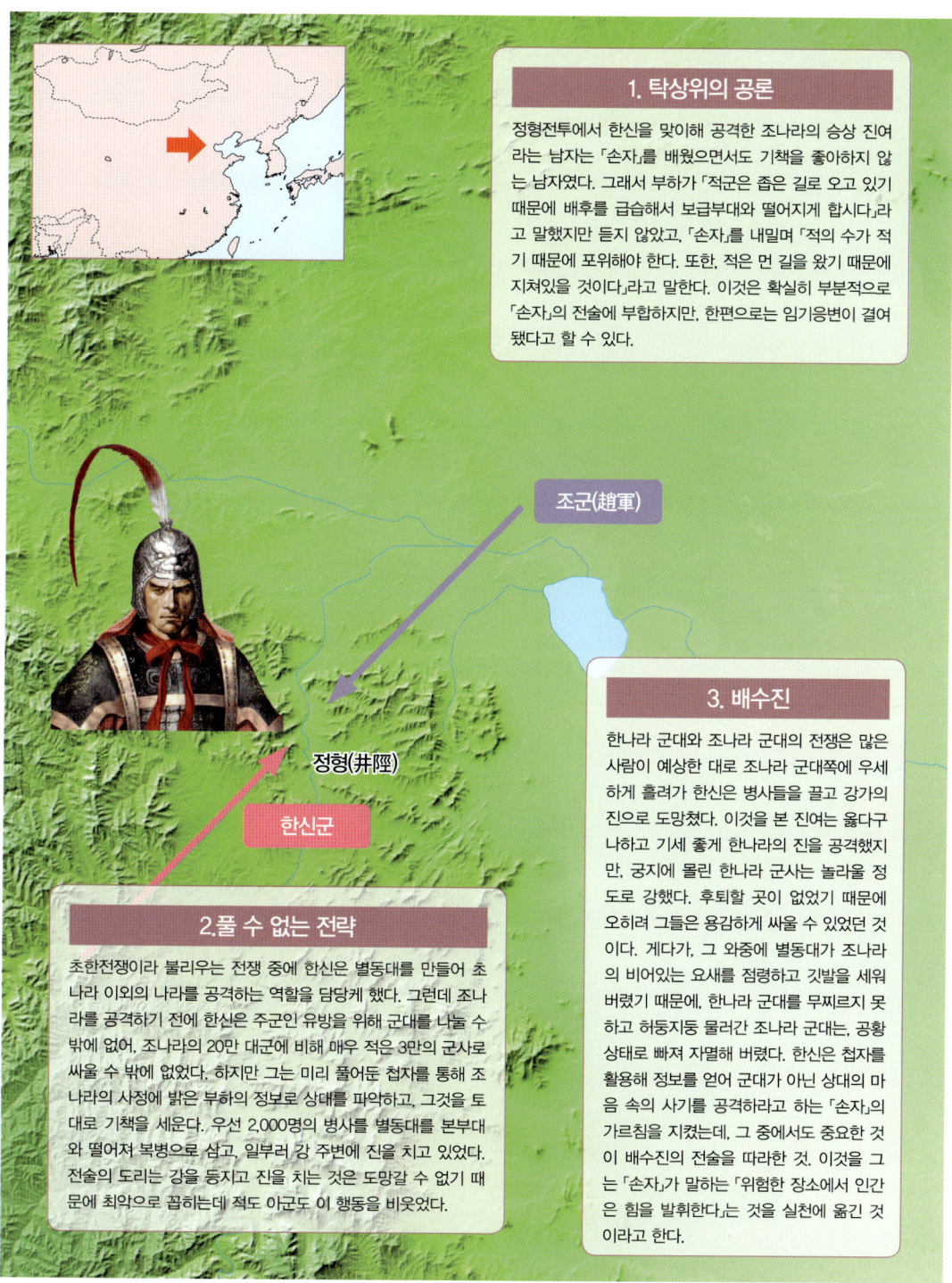

1. 탁상위의 공론

정형전투에서 한신을 맞이해 공격한 조나라의 승상 진여라는 남자는 「손자」를 배웠으면서도 기책을 좋아하지 않는 남자였다. 그래서 부하가 「적군은 좁은 길로 오고 있기 때문에 배후를 급습해서 보급부대와 떨어지게 합시다」라고 말했지만 듣지 않았고, 「손자」를 내밀며 「적의 수가 적기 때문에 포위해야 한다. 또한, 적은 먼 길을 왔기 때문에 지쳐있을 것이다」라고 말한다. 이것은 확실히 부분적으로 「손자」의 전술에 부합하지만, 한편으로는 임기응변이 결여됐다고 할 수 있다.

2. 풀 수 없는 전략

초한전쟁이라 불리우는 전쟁 중에 한신은 별동대를 만들어 초나라 이외의 나라를 공격하는 역할을 담당케 했다. 그런데 조나라를 공격하기 전에 한신은 주군인 유방을 위해 군대를 나눌 수 밖에 없어, 조나라의 20만 대군에 비해 매우 적은 3만의 군사로 싸울 수 밖에 없었다. 하지만 그는 미리 풀어둔 첩자를 통해 조나라의 사정에 밝은 부하의 정보로 상대를 파악하고, 그것을 토대로 기책을 세운다. 우선 2,000명의 병사를 별동대를 본부대와 떨어져 복병으로 삼고, 일부러 강 주변에 진을 치고 있었다. 전술의 도리는 강을 등지고 진을 치는 것은 도망갈 수 없기 때문에 최악으로 꼽히는데 적도 아군도 이 행동을 비웃었다.

3. 배수진

한나라 군대와 조나라 군대의 전쟁은 많은 사람이 예상한 대로 조나라 군대쪽에 우세하게 흘러가 한신은 병사들을 끌고 강가의 진으로 도망쳤다. 이것을 본 진여는 옳다구나하고 기세 좋게 한나라의 진을 공격했지만, 궁지에 몰린 한나라 군사는 놀라울 정도로 강했다. 후퇴할 곳이 없었기 때문에 오히려 그들은 용감하게 싸울 수 있었던 것이다. 게다가, 그 와중에 별동대가 조나라의 비어있는 요새를 점령하고 깃발을 세워 버렸기 때문에, 한나라 군대를 무찌르지 못하고 허둥지둥 물러간 조나라 군대는, 공황상태로 빠져 자멸해 버렸다. 한신은 첩자를 활용해 정보를 얻어 군대가 아닌 상대의 마음 속의 사기를 공격하라고 하는 「손자」의 가르침을 지켰는데, 그 중에서도 중요한 것이 배수진의 전술을 따라한 것. 이것을 그는 「손자」가 말하는 「위험한 장소에서 인간은 힘을 발휘한다」는 것을 실천에 옮긴 것이라고 한다.

첩자를 보내는 의미
용간편(用間篇) 4

뒤떨어진 인물은 가볍다.

용문편의 「간間」이란 질문자 또는 첩자(스파이)의 뜻. 즉, 첩자를 이용하기 위한 여러 가지 사물을 서술한 것이 이 장이다.

　원래 전쟁이라고 하는 것은 승리를 위해서 긴 세월동안 적과 계속 싸울 필요가 있는 것으로 막대한 자금이 투입되는 것이다. 그러나 적의 정보를 얻기 위한 첩보 활동, 즉 첩자를 관리하기 위한 자금이나 그들을 조종하는 인물에게 명예를 주어 참여시키는 것은 어려움이 있다 ― 국가와 민족에 애정이 부족하고 사람 위에 서려고 하면 뒤떨어진 인물이라고 하지 않을 수 없다. 그 정도로 첩자란 중요한 존재다.

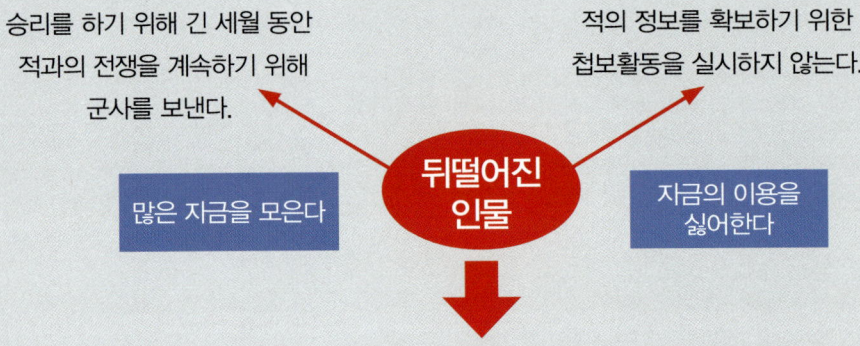

우수한 사람은 중요시 한다.

그러니까 우수한 인물은 첩자를 충분히 활용하는 것이다. 우선 전제로서 그들이 백전백승하여 그 전과를 떨치게 되는 것은 사전에 적을 잘 알고 있기 때문이다. 그리고 적의 정보를 가르쳐 주는 것은 미신적인 신의 부탁도 아니고, 과거 경험의 축적도 아니며 계산도 아니다. 그 정보원은 첩자 – 적진에 침투하여 정보를 전달하는 사람들인 것이다.

병사나 장비라고 하는 눈에 보이는 지출뿐만 아니라 눈에 보이기 어려운 첩자를 위해서 자금을 아까워하지 않는 사람이 우수한 지휘관이 될 수 있는 것이다.

보충

손자가 말하는 첩자

이 책에서는 알기 쉽도록 하기 위해 간(間)을 첩자(스파이)라고 번역하고 있지만 손자가 생각하여 정한 범위는 일반적으로 상징이 되는 첩자. 예를 들어 007의 제임스 본드와 같은 – 보다 좀 더 넓고 적국을 아는 사람이라고 표현한 것이 용문편의 최후 6항의 서술이다. 「손자」는 거기서 「단·주라고 하는 왕조가 탄생할 경우에는 각각 이전의 왕조를 자세하게 아는 인물이 충신으로서 협력했다」라고 하여 그것을 간이라고 한다.

적에 대한 정보를 다른 나라에 의존하는 것을 즐긴다.
이러한 인물은 국가와 민족에 애정이 부족하다.

➡ 지휘관으로서도, 보좌관으로서도, 군주로서도 자격이 없다

【 뛰어난 인물은 】

사전에 적의 정보를 입수하고 있기 때문에 전쟁에서 반드시 적을 격파하여 생각지 못한 전과를 얻는

정보는 얼마나 얻을까? ✕ 특정 종교에 의존하여 미신적인 요행이나 과거의 사례로부터 유추하여 제멋대로 계산

○ 적의 정보를 알고 있는 인물 → 첩자(스파이)

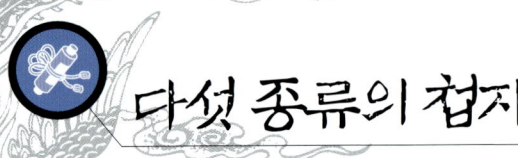 다섯 종류의 첩자

인(因)・내(內)・반(反)・사(死)・생(生)

승리를 위해서는 적의 정보를 알 필요가 있기 때문에 첩자를 활용하여야 한다. 그러면 첩자는 어떤 존재일까?

　손자는 이것을 다섯 종류로 분류하여 소개한다.

　하나, 인간因間과는 적국의 주민을 첩자로 이용하는 것이다.

　둘, 내간內間과는 적국의 관직에 종사하는 자를 첩자로 이용하는 것이다.

　셋, 반간反間과는 적국의 첩자를 역이용하는 것이다.

　넷, 사간死間이란 적에게 허위로 정보를 제공하는 첩자로 발각되면 죽는 것이다.

　다섯, 생간生間이란 적국에 잠입하여 살아 되돌아와 적의 정세를 보고하는 첩자이다.

孫子兵法 다섯 종류의 첩자

여기에서는 첩자를 5간이라고 하는 다섯 개의 종류로 분류하여 각각의 특징과 계층을 서술한 것이다.

손자가 말하는 5간이란?

❶ 인간 ➡ 적국의 주민을 첩자로 이용하는 것

❷ 내간 ➡ 적국의 관직에 종사하는 자를 첩자로 이용하는 것

❸ 반간 ➡ 적국의 첩자를 역이용하는 것

반간(反間)의 중요성

손자는 이러한 다섯 종류의 첩자 중에서 반간 - 이른바 「적국의 첩자를 역이용하는 것이 특히 중요하다」라고 정의하고 있다. 즉, 우선 반간이 적의 정보를 제공하기 때문에 인간이나 내간이 될 수 있는 적국의 주민을 선정할 수 있고, 사간이 「적국에 허위 정보를 제공하거나 생간이 무사하게 자국에 귀환하기 위한 방법에 대해 모색할 수 있다」라고 하는 것이다. 그러니까 반간의 후보자는 면밀하게 조사한 후에 채용해야 하는 것이고, 그 다음은 특히 신망이 두텁고 자국에 계속 연결이 되도록 움직일 필요가 있다.

> **미니지식**
>
> ### 첩보전에 승리를 공헌한 독일 · 소련 전쟁?
>
> 제2차 세계대전에서 승리의 키포인트 하나가 독일과 소련 간의 전쟁 - 전쟁 불가침 조약을 맺고 있던 독일과 소련이 결별하여 시작된 전쟁이다. 그리고 이 싸움에 큰 역할을 완수했다고 여겨지는 것이 리히야르트 · 조르게(Sorge, Richard). 독일의 신문기자를 방패 역으로 하여 일본에 잠입한 소련군의 스파이다. 일본의 상층부에 접촉한 조르게는 일본에서 일고 있는 비난의 화살이 소련이 아니라 남쪽을 향한다고 하는 정보를 모스코바에 통보하였다. 이 때문에 소련은 일본의 견제용 병력을 독일 전쟁에 합류시켜 승리했던 것이다.

손자가 말하기를 가장 중요하고 우대하여야 것은 이 **반간**이다.

다른 4종의 첩자는 반간의 정보를 기본으로 이용한다.

❹ **사간** ➡ 적국에게 허위 정보를 제공하는 것

➡ 이 첩자는 허위로 정보를 제공한 사실이 발각되면, 죽기 때문에 이름을 붙인 것이다.

❺ **생간** ➡ 적국에 잠입하여 정보를 얻어 자국으로 돌아온다.

➡ 이 첩자는 살아 돌아오지 않으면 의미가 없기 때문에 이름을 붙인 것이다.

변화 등의 존재가 군주에 있어서도 보물이다

 # 첩자를 잘 다루기 위해서

첩보 담당자를 우대하라

임기응변으로 싸우기 위해서 정보를 중요시하는 손자는 첩보활동을 전쟁의 최대 중요 항목으로 여긴다. 무엇보다 장군의 가장 가까운 곳에 있는 것은 첩보활동을 담당하는 측근이므로 그가 가장 큰 보수를 받아야 한다고 주장한 것이다.

첩보활동은 완전히 비밀리에 이루어져야 한다. 만약 그것이 적에게 알려졌을 경우에는 관계자 모두를 처형해서라도 비밀을 유지하라고 말한다. 반대로 말하면 첩보활동·첩자를 중요시 하지 않는 경우에는 뛰어난 장군이라고 할 수 없는 것이다.

지휘자의 자질

중요 사항인 첩보활동에 관해서 장군에 요구되는 것은 어떤 자질일까? 그 대답은 뛰어난 판단력

孫子兵法 첩자를 잘 다루기 위해서

손자는 남들이 생각하지 못한 묘책에 의해 승리한 것을 되돌아볼 때 그 기반은 첩자의 역할이다.

【 첩보활동의 의미 】

첩보활동이란
- 무엇보다 장군에 가까운 측근이 담당한다.
- 이것을 담당하는 사람에게 가장 큰 보수를 지급하지 않으면 안 된다
- 모든 문제 중에서 가장 비밀리에 처리해야 할 문제

에 의해 첩자가 입수해 온 정보를 도움이 되도록 하여 첩자의 마음을 사로잡는 것, 그리고 작은 일까지 읽어내는 통찰력에 의해 첩자가 이야기하는 정보의 의미를 이해하는 것이다. 여기까지 다양한 능력이 첩보활동을 지휘하는 사람에게 요구할 수 있다. 또 손자는 주의할 점으로 적의 사령관으로부터 문지기까지 조사하라고 말하고 있어 철저한 정보 수집에도 주목하고 싶다.

미니지식

첩자를 잘 다룰 수 없는 사람들의 말로

뛰어난 지휘관은 첩자를 유효하게 활용하여 전쟁에서 승리한다. 그럼 그렇지 않은 지휘관의 말로는 어떨까? – 그것을 나타내는 에피소드가 제2차 세계대전 태평양 전쟁 때이다. 미국이 과달카날 섬 상륙작전을 하기 전에 일본의 스파이들은 미국이 공격한다는 정보를 입수하고 있었다. 그런데 그 보고를 받은 상층부는 안이한 판단을 하여 그 정보를 무시한 결과, 이후의 상황은 미국에 유리하게 흘러갔던 것이다.

첩자를 잘 다루기 위해서 지도자에게 요구되는 자질이란 ➡
- 깊은 통찰력과 신중함을 서로 유지하는 것
- 자비와 정의를 관철하여 배려하는 마음이 있을 것
- 사람의 마음을 알고 예민하게 그것을 헤아릴 수 있을 것

【 주의점 】

❶ 첩자 활동이 적에게 알려졌을 경우 비밀을 지키기 위해서 사정을 알고 있는 관계자를 죽이지 않으면 안 된다.

❷ 적을 공격할 때 사령관·참모·사령부의 인간·문지기·방위대의 이름을 조사할 필요가 있다.

첩보활동은 전쟁의 키포인트이다.

＊역사에서 첩보활동에 둔감한 지도자는 반드시 멸망했다. 그만큼 첩보는 국가 안위에 중요하다.

미니지식

손자와 비즈니스 북

고대 위인이나 설화의 활약 등을 소재로 하여 사업을 성공하기 위한 기회를 찾아내려고 하는 교양서이다. - 이른바 사업에 관련된 책은 현재 일본의 서점에서 별도로 1개의 코너가 만들어지는 만큼 활발히 출판되고 있다.

그리고 「오다 노부나가」를 시작으로 하는 전국 사업가들이나 「사카모토 료마」를 필두로 메이지 유신의 배우들과 함께 아니 그들보다는 오래 전부터 빈번하게 사업의 소재가 되는 것이 손자다.

『무경칠서』 등 다른 병법서가 있지만 이 정도의 귀에 익은 것은 없고 「손자」만이 가능케한 현상이라고 할 수 있다.

실제, 손자의 병법은 긴 세월 동안 사업가들이 벗삼아 사랑을 받아 왔다. 유명한 사업가로서는 마이크로소프트의 「빌 게이츠」, 소프트뱅크의 「손정의」라고 하는 경영자 현대 마케팅의 제일인 자로 여겨지는 「필립 · 코트라」 등 경영 학자들이 손자를 중요시하고 있다고 한다.

그 밖에도 미국의 경제계에서는 「손자」가 일반적인 지침서로 되어 있다고 들은 사람도 있을 것이다. 한층 더 사업의 경영책으로서 뿐만 아니라 「문화 스쿨」 등에서 손자 병법을 배우는 수업을 한다.

이와 같이 손자 병법이 본래의 목적인 전쟁뿐만 아니라 경영 · 경제면까지 사용된 최대의 이유는 내용과 사상이 강한 보편성이 가득 차 있는 점과 모든 상황에 대응할 수 있는 원리 · 원칙이 서술되어 있기 때문이다. 또한 상황을 잘 적용시킬 수 있으면, 어떤 경우라도 응용할 수 있기 때문인 것 같다.

바야흐로 「손자」 자신이 임기응변이라고 하는 것을 강조한 것처럼 말이다.

그런데 어떻게 손자를 사업 경영에 유용하게 이용되는지 구체적인 내용에 대해서는 각각 이용하는 사람의 해석에 따라서 달라지지만 기본적으로는

- 불필요한 싸움을 하지 않는다.
- 상황(=자사의 경제적 능력, 내부의 사원, 업계의 세력 등)을 파악한다.
- 아무도 예상하지 못한 수단을 취한다.

등 손자의 근본적인 사상을 현대 경상계열에 접목하여 해석해 나가는 것 같다.

또한 「손자」의 사상은 전쟁을 빨리 끝내지 않으면 쓸데없는 피해가 온다는 가치관 아래 기본적으로 초기의 결전을 중시한 공격의 전술이며, 그 한편으로 경쟁 우위를 지속시킨다. 전쟁은 하지만 그 중에서 자신을 우위로 하여 지속시키는 이 원칙을 현대 사업 경영에 이용하기 위해서는 역시 어느 정도의 해석을 할 필요가 있는 것 같다.

찾아보기

【ㄱ】

가위 · 134
거북선 · 037
겁 · 092
경제 개발 · 166
계릉전투 · 017
계백 · 067
계지 · 144
계편 · 024
고구려 · 101
고문손자 · · · · · · · · · · · · · · · · · 025, 042
고선지 · 177
공성전 · 141
과다카날 · 057
관도전투 · 140
교지 · 054
구변 · 122
구변편 · 024
구지 · 152
구지편 · · · · · · · · · · · · · · · · · · · 024, 161
군쟁 · 112, 115
군쟁편 · 024
권지상 · 129
권지중 · 129
권지하 · 129
궤도 · 046
기 · 148
기략 · 083
기세 · 090
기정 · 087, 089

【ㄴ】

나폴레옹 · 028
나폴레옹 보나파르트 · · · · · · · · · · · 060
난 · 147
넬슨 · 039
노자 · 083
논장 · 052
농가 · 013

【ㄷ】

대사마 · 143
대세 · 067
댈러스 · 060
도 · 080
도가 · 012
도구권 · 024
도국 · 052
도략 · 082
도요토미 히데요시 · · · · · · · · · · · · · 037
동주열국지 · 017

【ㄹ】

량 · 080
리델하트 · 121
림 · 134

【ㅁ】

마릉전투 · 017
마오쩌둥 · 032
마지노선 · 105
명가 · 012
명장 · 078, 102

모공편	024
모리모토 나리	072
묘산	049
묘전	049
무경칠서	015, 110, 142, 143
무세	067
무형	107, 108
묵가	012
미나모토노 요시이에	135
미하일 프룬제	166

【ㅂ】

박정희	166
반간	183
반간계	155
배	147
배수진	178
백규	176
백선엽	085
뱀의 발	169
법가	012, 052
별동대	178
병가	013
병권모가류	024, 074
병법36계	168
병법삼십육계	110
병학	110
보급	057, 099, 140
봉신연의	082, 143
부관참시	018
분산	104
분속	127
분수	086
붕	147
빌헬름 2세	031

【ㅅ】

사기	063, 116
사나다 유키무라	084
사마법	128, 143
사마양저	143
사마천	063
사자	136
사쿠라다케이테키	042
삼국연의	023
삼국지연의	023, 150
삼국지통속연의	023
삼략	082, 083
36계 줄행랑	168
36식 무선전신기	098
상선약수	109
상책	065
서장	052
서희	034
성좌	171
세키가하라전투	040
세편	024, 081
소설가	013
손권	023, 050
손무	009, 015
손무의 권	150
손빈	009, 017

손빈병법 · 074, 150	오간 · 040
손빈의 권 · 150	오규우 소라이 · 096
손빈전 · 017	오기 · 120
손자 · 015, 022	오다 노부나가 · 073
손자국자해 · 096	오사 · 045
손자병법 · 008, 150	오소 · 141
손자병법택 · 097	오손자병법 · 074
손자언해 · 097	오월동주 · 018, 159
수 · 080	오음 · 089
수공 · 173	오자 · 052
스타린그라드 · 117	오자서 · 018, 150
승 · 080	오화의 변화 · 172
실 · 103	왕양명 · 062
십가주본 · 025	요적 · 052
10학파 · 012	용간편 · 024, 175
	용문편 · 180
【ㅇ】	용병의 요점 · 118
	우직의 계 · 113
아라이 하쿠세키 · · · · · · · · · · · · · · · · · · · 097	울료자 · 053
아카시 모토지로 · · · · · · · · · · · · · · · · · · · 167	울요 · 120
알프스 생 베르나르 · · · · · · · · · · · · · · · · · 060	원지 · 145
애민 · 127	위무주손자 · · · · · · · · · · · · · · · 024, 025, 042
애지 · 145	유가 · 012
어린진 · 107	유방 · 083
어부지리 · 169	유비 · 023
에도막부 · 072	육도 · 082
여사 · 052	육도 삼략 · 143
여상 · 082	육도삼략 · 082
연약 · 092	6해 · 133
염결 · 127	을지문덕 · 084, 101
염전론 · 027	음양가 · 012
예회 · 134	

응변 · 052	제손자병법 · 074
이 · 146	제자백가 · 012
이릉 전투 · 117	조 · 023
이세민 · 142	조말 · 157
이순신 · · · · · · · · · · · · · · · · · · · 037, 039	조조 · 042, 050
이원론 · 093	조지 S. 패튼 · 177
이위공문대 · · · · · · · · · · · · · · · 129, 142	졸속 · 054
이이 · 096	종횡가 · 012
이정 · 142	주 · 146
인해전술 · 109	주도권 · 100
	주둔지 · 132
═══════ 【 ㅈ 】 ═══════	죽간 · 009
작전편 · 024	죽간본 · 009, 042
잡가 · 013	중과부적 · 067
장량 · 083	지세 · 148
저습지 · 131	지지 · 144
적벽대전 · 173	지형편 · 024
적전대회두 · 039	집단론 · 095
전국시대 · · · · · · · · · · · · · · 010, 072, 169	집중 · 104
전국책 · 010, 169	
전단 · 063	═══════ 【 ㅊ 】 ═══════
전략 · 083	철갑선 · 037
전략론 · 121	첩보활동 · 184
전쟁 · 058	첩자(스파이) · · · · · · · · · · · · · · · · · · · 180
전쟁론 · 022, 121	춘추 · 010
전제 · 157	춘추시대 · 010
정보원 · 099	춘추전국시대 · · · · · · · · · · · · · · · · · · · 008
정보전달 · 116	춘추좌씨전 · 125
정성공 · 062	치병 · 052
정자전법 · · · · · · · · · · · · · · · · · · 039, 098	칠계 · 045
제갈량 · 023, 051	칭 · 080

【ㅋ】

클라우제비츠 · · · · · · · · · · · · · · · · · · 121

【ㅌ】

타이밍 · 090
타케다 신겐 · · · · · · · · · · · · · · · · · · · 085
태공망 · 143
태세 · 076
토고 · 039
토고턴 · 039
토고 헤이하치로 · · · · · · · · · · · · · · · 098
토고 헤이하치로 · · · · · · · · · · · · · · · 039
도요토미 히데요시 · · · · · · · · · · · · · 073
토쿠가와 이에야스 · · · · · · · · · · · · · 072
통지 · 144

【ㅍ】

파인플레이 · 079
판옥선 · 037
패왕 · 162, 163
패자 · 163
평지 · 131
평진관본 · · · · · · · · · · · · · · · · · 025, 042
풍림화산 · 114
풍림화음산뢰 · · · · · · · · · · · · · · · · · · 114
풍몽룡 · 017
프리츠 폰 만슈타인 · · · · · · · · · · · · · 176
필사 · 126
필사즉생 · 157
필생 · 126
필승 · 132

【ㅎ】

하야시 라잔 · · · · · · · · · · · · · · · · · · · 097
하책 · 065
학익진 · · · · · · · · · · · · · · · · 037, 041, 107
한비자 · 052
한서예문지 · · · · · · · · · · · · · · · · 024, 074
한신 · 051
함 · 146
합려 · 021
행군편 · 024
허 · 103
허실 · 087, 108
허실편 · 024
험조 · 134
험지 · 145
협공 · 066
형명 · 086
형편 · 024, 081
호권 · 082
호랑이의 위엄을 빌린 여우 · · · · · · · · · · 169
호수 전쟁 · 060
호치민 · 167
혼란 · 092
화공 · 171
화공편 · 024, 175
화승총 · 073
황정 · 134
훼절 · 091
히틀러 · 069

SMART 손자병법

2012년 4월 12일 초판인쇄
2012년 4월 20일 초판발행

저　자 : 에노모토 아키(榎本 秋)
발행인 : 김 길 현
발행처 : 도서출판 골든벨
등　록 : 제3-132호(87.12.11)
　　　　　ⓒ 2012 Golden Bell
ISBN : 978-89-97571-08-6

이 책을 만든 사람들

번　　역 : 이보람	교　　정 : 김길현, 유병룡, 지아라
본문디자인 : 김재모	일 러 스 트 : 박세원
커버디자인 : 유병룡, 최동규	제 작 진 행 : 최병석
공 급 관 리 : 오민석, 김경아, 남윤정	오프라인 마케팅 : 우병춘, 강승구

- 주소 : 140-100 서울특별시 용산구 백범로 90 라길 14(문배동 40-21)
- TEL : (02)713-4135　　● FAX : (02)718-5510
- E-mail : 7134135@naver.com　　● http://www.gbbook.co.kr

※ 파본은 구입하신 서점에서 교환해 드립니다.

※ 이 책은 일본의 「신성출판사」와 한국의 도서출판 「골든벨」과의 한국어 번역판 독점출판 계약을 맺었으므로 무단 전재와 무단 복제를 금합니다.

정가 13,000원